U0724454

高校科研团队
战略性评价

辛琳琳　李庆胜　著

新　华　出　版　社

图书在版编目（CIP）数据

高校科研团队战略性评价 / 辛琳琳，李庆胜著 . --
北京 ：新华出版社，2024.3
ISBN 978-7-5166-7335-5

Ⅰ．①高… Ⅱ．①辛… ②李… Ⅲ．①高等学校－学
术团体－战略性－评价－中国 Ⅳ．① G644

中国国家版本馆 CIP 数据核字（2024）第 058901 号

高校科研团队战略性评价

作 者：辛琳琳 李庆胜

责任编辑：丁 勇 封面设计：魏大庆

出版发行：新华出版社
地 址：北京市石景山区京原路 8 号 邮编：100040
网 址：http://www.xinhuapub.com
经 销：新华书店
购书热线：010-63077122 中国新闻书店购书热线：010-63072012

照 排：唐山雨滴图文设计有限公司
印 刷：河北赛文印刷有限公司

成品尺寸：170mm×240mm 1/16 字 数：182 千字
印 张：12.5
版 次：2024 年 3 月第 1 版 印 次：2024 年 3 月第 1 次印刷

书 号：ISBN 978-7-5166-7335-5
定 价：58.00 元

目　录

第1章 绪论

1.1 研究背景和意义

随着社会的迅猛进步和科技的飞速发展，科学、技术与社会生产的互动关系正在发生巨大的演变。过去的"生产—技术—科学"逆向驱动模式已经转变为现今的"科学—技术—生产"正向拉动模式，科学技术已然崛起为社会发展的主要推动力量。在国家综合实力的多元评估方式中，科学技术一直占据举足轻重的地位，扮演着不可或缺的角色。它对于提升国家经济、国防实力，以及增强民族凝聚力，都发挥着至关重要的作用。

随着科技的不断演进，知识的多元性和边缘性变得日益显著。作为国家核心竞争力的一部分，科学技术在全球竞争中扮演着关键的角色。高等教育机构作为新知识和新技术的孕育地，自然承担着推动创新科研和生产力发展的重大使命。然而，随着科学研究领域的多样化和交叉学科的深化，独立个体难以独当重要研究课题或关键科研项目，团队的合作优势变得日益凸显。在这个背景下，如何提升高校科研团队的研究能力，推动科研团队的创新水平，已成为现代高等教育管理者和研究学者们极为关注的新议题。

在全球范围内，科学技术的飞速发展引起了各国的高度重视，伴随着对科研资金的大量投入。在这个大背景下，提升科研评价工作水平，确保有限的资金和资源得以最优化地投入科学研究的最需要领域，已迫切成为一项重要任务。因此，建立一套合理而有效的科研评价指标体系变得尤为关键。这样的体系能够在高校内部营造浓厚的科学研究创新氛围，激发科研人员的研究热情与创新潜力，从而有助于提升我国的科学研究水平，并进一步推动科研创新体系的发展。

党的十九大报告中，习近平总书记强调加快建设创新型国家，培养一大批具备国际水平的科技人才、科技领袖、青年科技人才以及高水平创新团队。高校作为国家创新体系的关键组成部分，肩负着推动知识创新、技术创新以及创新人才培养的重要使命。同时，国家陆续推出的支持计划也为高校科研团队的构建和发展提供了坚实的政策支持和物质基础。

我国高校科研团队的综合实力不仅直接影响着高校的学术研究水平和创新能力，还对高校在国际竞争中的地位产生深远影响。因此，如何合理、高效、准确地评价我国高校科研团队的综合实力，已经成为高校面临的一项紧迫问题。这不仅需要考虑科研的数量，更要充分考虑科研的质量、影响力以及对社会经济发展的贡献。建立科研评价指标体系，可以引导高校科研人员在更有针对性的方向上开展工作，推动整个科研生态的优化和创新，以应对未来科技发展的挑战，为国家的繁荣和进步作出更大的贡献。

随着国内对高校科研团队战略性评价的关注度日益提升，建立更为科学、合理、完善的科研评价指标体系成为当务之急，旨在进一步促进科学技术的健康发展。高校科研团队战略性评价在整个科技发展进程中的地位逐渐上升，因为它能够合理有效地引导科技资源的优化配置，从而提升我国科技管理水平。尽管国内的科研评价相关工作已付出巨大努力并取得显著效果，但当前的科研评价方法仍未完全满足实际需求。因此，为了使高校科研团队战略性评价方法具备更大的理论价值和实际应用价值，有必要对过去的研究成果进行归纳总结，借鉴经验教训，以探索切实适用于现实需求的高校科研团队绩效方法，并将其应用于实际实践中。

目前，高校科研团队的绩效考评已经成为科研管理的重要组成部分。各高校普遍采用绩效考核的方式对科研团队进行评估和激励，以提升科研工作的质量和效益。在构建绩效考评指标体系时，高校科研团队通常会综合考虑多个因素。这包括科研项目的数量、质量以及影响力，科研成果的产出和转化情况，以及科研团队的学术交流和合作水平等。同时，也会兼顾科研团队的人员结构、人才培养和团队建设等方面因素，以确保评价的全面性和准确性。

然而，在实际应用中，高校科研团队战略性评价也面临一些挑战。首先，如何在绩效评价中平衡数量与质量的关系，避免仅仅追求表面的产出而忽视了深入研究与影响力的重要性，是一个需要深思熟虑的问题。其次，高校科研团队的实力评价涉及多个层面，包括个人水平和团队整体水平，如何在评价过程中进行合理权衡，以及如何避免过度集中在某一层面上，也需要制定明确的方法和指标。此外，高校科研团队战略性评价需要考虑到不同学科领域的特点和差异，因为不同领域的科研活动具有不同的特征和发展规律。因此，建立适用于各个学科的评价体系是一个具有挑战性的任务。

综上所述，高校科研团队战略性评价在推动科技发展中具有重要作用，但也面临诸多挑战。通过深入探讨和研究，可以逐步完善高校科研团队战略性评价方法，以更好地指导和促进科研工作的发展，为科学技术的繁荣作出更大贡献。

因此，高校需要进一步完善高校科研团队战略性评价机制，加强指标体系的科学性和可操作性，提高评估过程的透明度和公正性。同时，也需要注重高校科研团队的长期发展和成果转化，鼓励团队成员之间的合作和创新，推动高校科研团队战略性评价工作的不断优化和提升。这样的努力将有助于高校更好地发挥科研团队在科技创新和社会发展中的重要作用

1.2 研究目的和方法

1.2.1 研究目的和重要性

高校科研团队绩效考评现状主要关注科研成果数量和质量、科研项目经

费、学术声誉、学术交流和合作以及人才培养等方面的表现。不同高校和学科领域可能有不同的考评指标和权重，但以上几个方面是普遍被考虑的。

系统研究高校科研团队绩效评价相关因素，确立绩效评价指标，构建一套行之有效的高校科研团队绩效评价指标体系势在必行。而就目前掌握的资料来看，国外关于此类的研究明显早于并多于国内的研究，且我国关于此类的研究主要集中从 2008 年之后陆续开始。虽然已有一些学者对于绩效评价指标有一定研究，但多限于从团队绩效的影响因素方面出发构建绩效评价指标体系，或是侧重于指标体系构建的一些理论性研究，而关于评级指标体系实施方面的研究还少之又少。而基于系统协同和战略管理的视角，以此构建高校科研团队的绩效评价指标体系的研究尚未见系统研究。

目前高校科研团队的考核需要注重系统性、战略性和协同性。这是因为科研团队的工作不仅仅是个体的努力，更需要整体的规划和协同合作，以实现科研工作的战略目标和长期发展。

首先，科研团队的考核需要具备系统性。科研工作是一个复杂的系统，涉及科研项目的申报和管理、科研成果的产出和转化、学术交流和合作等多个环节。因此，科研团队的考核应该综合考虑这些环节的绩效和贡献，以全面评估团队的科研能力和成果。其次，科研团队的考核需要具备战略性。高校科研团队应该有明确的发展战略和目标，围绕学校的科研重点和学科优势进行研究，推动学科的发展和创新。因此，科研团队的考核应该关注团队的研究方向和重点领域，以及团队在这些方向上的研究质量和影响力。最后，科研团队的考核需要注重协同性。科研团队的工作需要团队成员之间的合作和协同，通过共同的努力来实现科研目标。因此，科研团队的考核应该关注团队成员之间的合作情况和学术交流，以及团队的凝聚力和创造力。

综上所述，高校科研团队的考核需要注重系统性、战略性和协同性。通过科学的考核机制，可以促进科研团队的整体绩效提升，推动高校科研水平的提高和学科发展的进步。

本研究试图在研究高校绩效评价相关理论基础，借鉴企业创新团队中绩效评价的方法，在系统协同和战略管理两个方面，构建一套适用于高校科研团队的绩效评价指标体系。

1.2.2 研究的思路及方法

1. 研究的基本思路

随着科技发展和知识更新速度的不断加快，加之新建地方本科院校的层出不穷，我国高校之间的竞争越来越激烈。而提高高校科研团队的战略性评价对于提升高校办学水平、提高学校竞争力具有重要意义。于是，高校科研团队的战略性评价成为近两年越来越受高校管理者和研究者重视的话题。本研究力图从教育学、管理学、经济学等相关学科出发，立足于投入与产出的视角，运用专家讨论法、层次分析法等方法来对影响高校科研团队战略性评价的因素进行相关研究。本研究将首先借助于企业团队绩效、科研团绩效评价的相关文献搜索，在分析国内外研究现状的基础上，找出了本研究的战略管理视角。同时借鉴其他科研团队研究的方法和经验，通过专家组讨论法，总结影响高校科研团队战略性评价水平的各种因素，努力根据团队自身、团队管理部门、团队成果需求者、团队资源投入者的需求，确定高校科研团队战略性评价指标框架。再运用层次分析法和专家打分，确立各级指标权重，在这一系列调查研究以及数据处理之后，最终构建了一套行之有效的高校科研团队战略性评价体系。

最后，本研究将依据当前高校科研团队战略性评价的相关问题以及研究结论，进一步试图提出高校科研团队战略性评价实施的途径和方法，力图使战略性评价工作真正落到实处。

2. 研究的主要方法

(1) 文献法

文献法是大部分研究中最常运用到的一种方法，它是指对与研究课题相关的文献，通过书籍、期刊、网络等多种形式进行搜集整理，进而找出研究所需资料的研究方法。文献法的使用要求研究者掌握大量的文献资料，还要求使用者具有较强的资料分类、整理、归纳能力。笔者在高校科研团队战略性评价研究题目确定之初，就对中国期刊全文数据库、维普数据全文数据库和中国学位论文全文数据库等数据库进行了检索，搜集了大量与本研究相关的资料。之后通过学校图书馆及导师的帮助借阅了创新团队的相关著作、刊物，整理了有关高校科研团队、高校科研团队战略性评价等方面的章节，最终解析并评价了国内外高校科研团队战略性评价研究的现状；同时搜集了关于投入产出法在经济、企业等领域的应用以及企业绩效评价的一些文献，为本研究提供了真实可靠的文献资料和学术依据。

（2）问卷法

问卷法是研究者根据研究课题的要求，设计出问题表格，让被调查者自行填写用以搜集资料的一种方法。本研究主要通过向有经验的专家、学者以及一些学术带头人发放专门设计的表格式问卷，以他们在实践中的经验确定影响高校科研团队的绩效的基本指标，并对各指标的相对重要性程度进行打分，从而确定基本的评价指标权重。

（3）调查法

调查法是研究者为达到研究目的，通过问卷、访谈、测量等方式对问题现状进行了解，对材料进行搜集，为进一步的研究或决策提供论据，调查法包含很多方法，例如普遍调查法、抽样调查法等。本研究通过前期设计的《高校科研团队战略性评价指标权重专家意见咨询表》，根据前期研究成果选取了20位有代表性的专家及学科带头人作为评价人，根据自身的经验对各项指标的重要程度按等级进行打分。之后，运用数学方法将调查结果进行统计，从而确定各层评价指标权重系数的大小，以支持高校科研团队战略性评价的进一步研究和决策。

（4）层次分析法（AHP）

层次分析法是一种定性分析与定量分析相结合的方法，主要运用于一些影响因素众多且须分成多个层次的研究。该方法的优势是能够将评价者思维过程进行具体量化，将复杂的问题简单化，并将各种因素按隶属关系注意分层，最终建立一个有序的递阶层次结构。本研究首先通过根据指标的重要程度分别确定了目标层、准则层和子准则层三个绩效评价指标层次。在此基础上，通过专家打分的方式，最终确定各指标的权重系数。

（5）差异化战略方法

迈克尔·波特在其《竞争战略》一书提到了三种竞争战略：总成本领先战略、差异化战略、聚焦战略。战略就是差异性，学校与学校之间的区分，也在于差异。只有找出与其他学校的差异，才能形成自己的优势与特色，才能在高校之林中立足。发掘这种优势差异的主要途径是院校研究（Institutional Research）。院校研究是通过对本校管理问题的系统和科学的研究，以提高本校管理水平的一种研究。通过院校研究，各高校能够真正地、全面地认识自身的优势和长处，挖掘自己的潜能和资源，看清自己的弱势和问题，明确自己的地位和作用，使学校发展建设更自觉、更科学、更健康，也使学校更具有个性和特色，增强每一所学校的竞争力和适应能力。院校研究产生于美国，诞生期（1636—1945 年）——从哈佛大学建立到第二次世界大战结束，成熟期（1945 年至今）——从退伍军人法案到现在。20 世纪 80 年代被我国高等教育研究者引入后，中国高校普遍开始建立高教研究室（所），促进了其日常化和制度化。

第2章 高校科研团队发展演变

在现代社会中，创新团队的涌现具有其必然性和内在逻辑。科学在不同的发展阶段，都呈现出一种群体性的特征，并且在不同时期表现出不同的形态。这种科学的群体性特点，主要指的是个体科学家为了实现特定的科学目标，以某种方式联合在一起。在科技高度发达的时代，科学的群体性特征体现为拥有内部治理结构的创新团队成为最为重要的科研主体。

2.1 高校科研团队的历史

2.1.1 科学混沌期的学术流派及其特点

在科学混沌期，学术领域的多样性和不稳定性为学者们提供了一片探索的广阔天地。正如著名科学家理查德·费曼所说："在科学的早期阶段，各种观点和理论争相呈现，这是一场令人兴奋的智力竞赛。"在这个时期，众多学术流派并存，这为学术思想的碰撞和创新创造了机遇。

在科学混沌期，学术领域通常还没有形成明确的范式，各种学术流派可能并存，互相竞争，或者混合交叉。这一时期的特点包括：

1. 多元流派的存在

多元流派的存在是科学混沌期的显著特征之一。不同的学者代表不同的学术思想流派，各自追求着不同的理论观点、方法论和问题关注点。例如，在19

世纪的物理学领域，存在着传统的牛顿力学派和后来的相对论派。这些流派之间的竞争和交流推动了物理学的不断发展，也促进了新的理论和观点的涌现。

在这个时期，诸如"电磁学派""物理化学派"等不同学术流派出现，代表了不同的学术观点。物理学家张伯伦在他的著作中强调："科学混沌期是思想碰撞与融合的时代，不同流派之间的竞争和合作推动了科学的快速发展。"正是通过这些流派之间的较量和交流，科学领域逐渐演化出一些重要的概念，为后来的发展奠定了基础。

2. 理论不稳定性

学术观点的不稳定性和变化是另一个显著特点。科学家们在尝试解决问题时可能会经历多次理论转变和调整。正如著名心理学家威廉·詹姆斯所言："科学的历史就是一部观点的更替史。"这种不稳定性反映了学者们在探索和实验中的不断思考和迭代。例如，地球围绕太阳的理论经历了从地心说到日心说的转变，标志着天文学的重大变革。

3. 方法探索和创新

方法探索和创新在科学混沌期发挥了重要作用。学者们为了解决问题，可能会尝试各种不同的方法和途径。这种多样性的方法探索为创新提供了土壤。著名生物学家查尔斯·达尔文在自然选择理论的发展中就经历了多次实验和观察的过程，不断修正和完善他的理论。这种探索过程为后来的科学发展铺平了道路。

综上所述，科学混沌期是学术发展中不可或缺的阶段，它充满了多元流派的存在、理论的不稳定性、方法的探索和创新。这个阶段的特点为后来的范式确立和学术进步创造了宝贵的机遇。正是在这个阶段，学者们勇敢地探索未知，形成了日后学术发展的基础。

2.1.2 科学初创时期的科学社团及其特点

在科学初创时期，学术社团的崛起对于知识的传播与合作起到了重要的推动作用。正如知名科学家阿尔伯特·爱因斯坦所言："学术社团是学者们共同思考、交流和合作的平台，是科学进步的温床。"这一时期的学术社团具备许多独特的特点，深刻地影响着早期科学的发展。

1. 学术社团的形成是科学初创时期的显著特征之一

在这个时期，学者和研究者往往会自发地组成小规模的学术社团，以共同的研究兴趣和目标为纽带，展开合作与探讨。这种自发形成的社团结构有助于聚集志同道合的学者，共同解决当时面临的科学难题。例如，17世纪的伦敦皇家学会就是一个早期学术社团的典型例子，会集了许多科学家、数学家和思想家，通过定期的会议和讨论，推动了当时科学思想的交流和传播。

2. 知识分享和交流是科学初创时期学术社团的重要特征之一

社团成员之间通过互相分享知识、经验和发现，促进创意的产生和问题的解决。这种交流有助于不同学者之间的相互启发，从而推动科学的发展。例如，伦敦皇家学会的成员经常在会议上展示他们的研究成果，进行讨论和争辩，从而激发了新的思考和研究方向。

除了定期的会议和讨论，科学社团还可能举办研讨会等活动，促进新观点的涌现。著名科学家尼古拉·特斯拉曾说过："在学术社团中，每一个独特的思想都有机会得到分享和反馈，从而不断演化。"这些活动为学者们提供了一个广阔的舞台，让他们有机会将自己的发现和研究成果展示给同行，并借此获得新的灵感和创意。

3. 资源共享也是科学社团的一大特点

在科学初创时期，资源往往有限，但学者们可以通过社团共享设备、实验室等资源，从而降低研究成本，提高效率。例如，一些早期的天文学社团会共同使用天文仪器，这有助于他们在有限资源下开展更深入的观测和研究。这种资源共享不仅加速了科学的发展，还培养了学者们的合作意识和团队精神。

综上所述，科学初创时期的学术社团在促进知识交流和合作方面具有重要作用。这一时期的社团特点包括学术社团的自发形成、知识分享和交流、举办各类活动促进新观点的涌现，以及资源共享。这些特点为学术界提供了一个积极的环境，鼓励学者们共同追求科学的真理，为后来学术的进一步发展奠定了坚实的基础。

2.1.3 科学发展时期的合作群体及其特点

在科学发展时期，合作成为科研团队的核心特征，不仅有助于推动科学知识的积累，还能将研究成果更有效地应用于实际。著名科学家卡尔·萨根曾强调："在现代科学中，合作是前进的灵魂，科学的伟大成就往往是集体努力的结果。"在这个时期，合作的模式和方式呈现出独特的特点，深刻影响着科学的发展。

1.跨学科合作是科学发展时期的显著特点之一

随着学术领域的不断发展和分化，科研问题变得愈加复杂，单一学科往往难以涵盖所有方面。这促使学者们从不同学科领域会聚在一起，形成跨学科的合作群体。例如，当今的生物医学领域涉及生物学、医学、工程学等多个学科，研究团队可能由生物学家、医生、工程师等不同背景的专家组成，共同解决复杂的医学问题。

2.大规模团队合作也是科学发展时期的一个显著特点

由于科学研究项目的复杂性和多样性，科研团队的规模逐渐扩大。团队成员可能包括多名学者、研究人员、技术人员等，每个人都为项目的不同方面作出贡献。大规模团队合作使得各领域的专业知识能够充分交融，为科学的突破提供了更广阔的可能性。例如，欧洲核子研究中心（CERN）的大型强子对撞机实验，涉及数千名科学家和工程师的合作，最终揭示了基本粒子的奥秘。

3.科学数据的积累促使科研团队进行数据共享和合作，成为科学发展时期的另一个显著特点

大量的科学数据的产生和搜集使得单一研究者难以应对。因此，科研团队可以共享数据资源，从而避免重复劳动，加速科学的进展。例如，气象学领域的国际气象数据共享网络，使得全球范围内的气象数据能够得到及时共享和利用，有助于更准确地进行气象预测和应对气候变化。

4.共同研究基础设施的建设也成为科学发展时期的一项重要举措

科研团队可以共同使用实验室、设备和仪器等基础设施，从而降低研究成本，提高效率。共同的研究基础设施为科研提供了强大的支持，促进了高

效的合作。例如，一些大型科研项目，如探索外太空的任务，需要共同研究和利用国际性的太空探测设备和观测站，以实现共同的科学目标。

综上所述，科学发展时期的合作群体具有跨学科合作、大规模团队合作、数据共享和合作，以及共同研究基础设施的特点。这些特点使得科研团队能够更好地应对复杂的科学问题，加速科学知识的积累和应用，从而推动了科学的不断进步。在当今科技高速发展的时代，合作仍然是创新和突破的重要引擎，为科学的繁荣发展提供了坚实基础。

2.1.4 科学发达时期的创新团队及其特点

在科学发达时期，创新团队成为推动前沿科学知识和技术突破的关键力量。这一时期的特点包括：前沿问题的研究。创新团队通常聚焦于解决前沿、挑战性问题，推动领域的进一步发展。高度专业化和多样化。团队成员可能具有高度专业化的知识和技能，同时也可能来自不同背景，确保多样性的观点和创意。 产业界与学术界合作。创新团队可能与产业界合作，将科学成果应用于实际问题的解决，促进科研成果的商业化。 技术创新和跨界融合。创新团队可能涵盖多个领域，将不同领域的知识融合，产生跨领域的技术创新。

在科学发达时期，创新团队成为引领前沿科学知识和技术突破的关键力量，为科学和技术的进步注入了源源不断的活力。著名创新专家史蒂夫·乔布斯曾指出："创新是区别于竞争的关键，创新团队的合作和创造力推动了社会的变革。"在这一时期，创新团队的形成和发展呈现出一系列独特的特点，对于科技和社会的繁荣产生了深远的影响。

1. 前沿问题的研究是科学发达时期创新团队的显著特点之一

这些团队通常将目光聚焦于领域内的前沿、挑战性问题，旨在推动学科的进一步发展。创新团队通过探索尚未被解决的问题，为学科拓展了新的边界。例如，在神经科学领域，脑科学家们组成创新团队，努力解开大脑的奥秘，推动神经科学的快速发展。

2. 创新团队在科学发达时期的另一个特点是高度专业化和多样化

团队成员通常具有高度专业化的知识和技能，能够深入研究领域内的细节和难题。与此同时，团队成员也可能来自不同的背景和学科，确保了多样性的观点和创意。著名心理学家丹尼尔·卡尼曼曾提到："多样性的团队有助于避免群体思维，推动创新和突破。"这种多样性的组合可以促进不同思维方式的碰撞和融合，从而产生出更加富有创意的解决方案。

3. 科学发达时期的创新团队与产业界的合作成为另一个显著特点

这种合作可以将科研成果应用于实际问题的解决，促进科研成果的商业化。著名创新企业家埃隆·马斯克曾表示："创新团队应该不仅仅关注科研，更要思考如何将科学成果转化为创新产品。"例如，谷歌的 × 实验室就是一个致力于研发前沿技术的创新团队，他们的许多成果最终应用于智能汽车、无人机等领域。

4. 技术创新和跨界融合是科学发达时期创新团队的又一特点

这些团队可能涵盖多个学科和领域，将不同领域的知识融合，从而产生跨领域的技术创新。著名科学家兼发明家雷·库兹韦尔曾说："创新往往发生在不同学科的交汇处。"例如，生物医学工程领域的创新团队可能会集了生物学家、工程师和计算机科学家等多个学科的专家，共同探索医疗设备的创新和疾病治疗方法。

综上所述，科学发达时期的创新团队具有聚焦前沿问题、高度专业化和多样化、产业界合作、技术创新和跨界融合的特点。这些特点为科学和技术的突破创新提供了强大的动力和支持。创新团队的合作和创造力在当今世界中变得越发重要，它们成为引领社会进步和变革的重要力量，为人类探索未知的领域开创了广阔的未来。

2.2 我国高校科研团队的概念和特点

2.2.1 高校科研团队的概念

1. 我国高校科研团队基本概念

高校科研团队是由高校教师、研究人员和学生组成的科研组织，旨在进行科学研究、技术创新和学术交流。通常，高校科研团队由一个或多个团队负责人领导，这些团队成员专注于特定的学科领域或研究方向，并积极合作研究。团队成员之间相互协作，共享资源和经验，一同完成科研项目，发表学术论文，申请专利以及取得科研成果。高校科研团队不仅是高校科研体系的重要组成部分，也是培养人才、推动学术进步和促进社会发展的不可或缺的力量。

在上述讨论中，我们将高校科研团队定义为一个高效创新能力的组织，由高度协作和技能互补的专业学术人员构成，他们以科研项目为基础，以科技创新为核心目标，并愿意为共同的愿景或科研目标相互承担责任。这个定义可以通过四个层面来解释。首先是目标层面，一个科研团队必须共同拥有愿景或科研目标才能形成一个协作的团队。其次是组织层面，科研团队应以科研项目为依托，并由多位专业人员组成，这是团队存在的基本前提。接下来是运作层面，团队成员的技能应该具备协作性和互补性，他们需要相互合作，为完成科研任务提供组织保障。最后是核心层面，建立高校科研团队的根本目的是进行科技创新。其他三个层面都围绕核心层面展开，以核心层面为中心，共同推动科研团队的创新。这一概念的详细解释如图 2-1 所示。

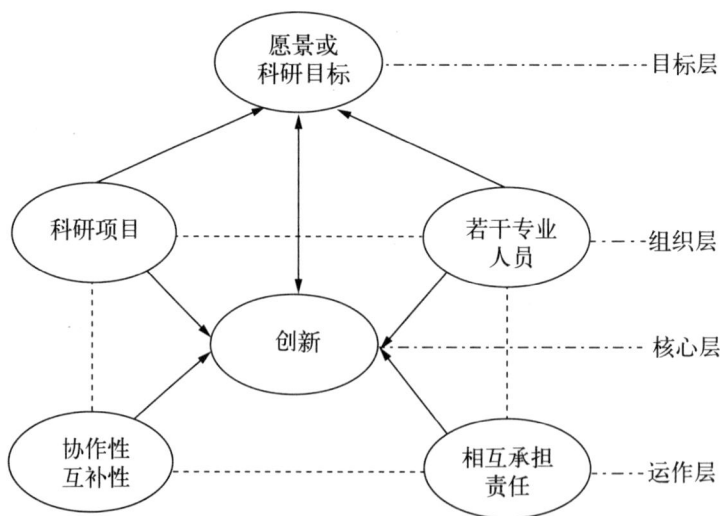

图 2-1 高校科研团队概念阐释图

2. 我国高校科研团队发展历程与发展

（1）我国高校科研团队发展历程

我国高校科研团队的历史根源可以追溯到新中国成立之初。初期，由于战争冲击和经济拮据，高校科研团队的发展步伐相对较为缓慢。然而，随着国家经济的逐渐复苏和科技的崭露头角，高校科研团队开始迅速崛起。

踏入20世纪80年代，我国高校科研团队进入崭新的阶段。这一时期，国家大力支持高校科研，投入了大量的资金和资源。与此同时，高校科研团队积极与国内外企业、研究机构以及政府部门展开合作，促进了科研成果的更好转化和应用。

进入21世纪，我国高校科研团队取得了显著的进步。国家不断增加对高校科研的资金支持，科研团队的规模和实力持续壮大。同时，高校科研团队在科研成果的转化和应用方面也取得了重要突破，为国家的经济发展和社会进步作出了卓越贡献。

目前，我国高校科研团队正经历高速发展的阶段。国家持续加大对高校科研的资金支持力度，鼓励科研团队与企业、研究机构等深度合作，进一步推动科研成果的转化和应用。同时，高校科研团队也在创新人才培养和团队建设方面不断探索，提升整体实力水平。

总的来看，我国高校科研团队经历了起步、快速发展和高速发展的历程，取得了显著的成就。未来，这些科研团队将继续发挥关键作用，为国家的经济发展和社会进步作出更加显著的贡献。

（2）我国高校科研团队的发展阶段

初创阶段：在高校科研团队的初创阶段，通常由一位或几位教师或研究人员组成。他们可能是在某个特定领域有一定研究基础或兴趣的人士。在这个阶段，团队成员通常会共同制定研究方向和目标，并开始进行一些初步的研究工作。

建设阶段：在团队建设阶段，团队开始逐渐扩大规模，吸引更多的教师和研究人员加入。团队成员之间开始形成一定的分工和合作模式，共同推动研究项目的进展。同时，团队也会开始申请科研项目的资金支持，以支持团队的研究工作。

发展阶段：在团队发展阶段，团队的规模和影响力逐渐增大。团队可能会吸引更多的优秀人才加入，形成更加完善的研究团队。团队的研究成果和影响力也会逐渐得到认可，团队成员可能会获得更多的科研项目和资金支持。同时，团队也会与其他高校、研究机构或企业进行合作，开展更加复杂和有影响力的研究项目。

成熟阶段：在团队成熟阶段，团队已经形成了一定的研究特色和优势，成为该领域的重要力量。团队可能会在该领域取得重要的研究成果，成为该领域的领军人物或团队。团队成员也可能会获得更多的科研荣誉和奖励。同时，团队也会继续吸引更多的人才加入，并与更多的国内外合作伙伴展开合作，推动团队的研究工作进一步发展。

需要注意的是，不同的高校科研团队在发展历程上可能存在差异，具体情况会受到团队的研究方向、团队成员的能力和资源等多种因素的影响。以上仅为一般情况下高校科研团队的发展历程的概括。

2.2.2 高校科研团队的基本要求与特征

1. 我国高校科研团队基本要求

高校科研团队有不同的类型和组织形式。科学的组织结构，以实现对科研团队人、财、物等资源的合理组织和运作，对科研团队的创新绩效的提升显得十分重要。

高校科研团队，作为创新型国家建设的重要举措和国内外较为常见的科研组织形式，受到了普遍关注。我国高校出现了众多的"师徒结合、夫妻合伙、临时搭建"的"伪科研团队"，在概念认识上还存在着许多误区不利于我国高校科研团队的发展。因而需要梳理我国高校科研团队基本概念和基本特征。

（1）共同的愿景或科研目标。它是构建创新型科研团队不可或缺的组成部分。只有拥有共同的愿景或科研目标，团队成员才能有明确的努力目标和方向，才能充满热情和渴望去解决问题、实现目标。共同的愿景或科研目标可以增强团队的凝聚力和向心力。团队成员的愿景和目标越接近或一致，越有利于科研目标的实现，从而推动创新。

（2）学术研究能力。团队成员需要具备扎实的学术基础和研究能力，能够进行独立的科学研究，并取得具有一定创新性和学术价值的成果。

（3）团队协作能力。团队成员需要具备良好的团队合作精神，能够相互协作、互相支持，共同完成科研项目，并能够有效地进行沟通和协调。

（4）专业知识和技能。团队成员需要具备相关领域的专业知识和技能，能够熟练运用科研方法和技术，进行实验设计、数据分析和结果解读。

（5）创新意识和创新能力。团队成员需要具备创新意识，能够提出新的科研问题和研究思路，并能够进行创新性的科学研究，推动学科的发展。

（6）学术道德和诚信意识。团队成员需要具备良好的学术道德和诚信意识，遵守学术规范和研究伦理，不进行学术不端行为，如抄袭、篡改数据等。

（7）团队资源和合作伙伴。团队需要具备一定的科研资源，如实验设备、实验室空间等，同时也需要与其他团队或合作伙伴进行合作，共同推进科研项目的开展。

（8）科研经费和项目管理。团队需要有一定的科研经费支持，能够进行科研项目的策划和管理，合理安排资源和时间，确保项目的顺利进行。

（9）学术交流和成果推广。团队需要积极参与学术交流活动，如学术会议、论坛等，与其他团队进行学术交流和合作，同时也需要将科研成果进行推广和应用，促进学术进步和社会发展。

2. 我国高校科研团队基本特征

高校科研团队具有以下鲜明特征：

（1）知识的高度创新性和科研项目的风险性。高校科研团队通常致力于开展前沿的科学研究，追求知识的创新性。科研项目往往涉及未知领域和复杂问题，存在一定的风险和不确定性。

（2）科研目标的高度明确性和管理控制的复杂性。高校科研团队通常会设定明确的科研目标，追求特定的研究成果。然而，科研项目的管理和控制却是一项复杂的任务，需要合理分配资源和时间，解决各种问题和挑战。

（3）团队成员间的高度协作性和团队绩效评价的困难性。高校科研团队通常需要团队成员之间密切合作，共同解决科研问题。然而，团队绩效评价却是一项困难的任务，因为科研成果的产出往往需要较长时间，且难以量化。

（4）团队成员间的高度信任性和知识信息的不对称性。高校科研团队中的成员通常需要相互信任和合作，共享知识和信息。然而，由于每个成员的专业背景和研究领域的不同，存在知识信息的不对称性，需要团队成员之间进行有效的沟通和交流。

第3章　高校科研团队的形成动因、组织构建以及组织发展

3.1 高校科研团队形成的动因

在高校科研领域，科研团队的形成是一个关键议题，它涉及外部因素的推动和内部因素的驱动，进而影响了团队的组织构建和发展。本章将探讨高校科研团队形成的动因，从外部和内部两个层面进行探究，进一步深入了解科研团队的成立背后的驱动力。

3.1.1 外部因素推动

1. 科学研究方式转变的推动

正如物理学家尼尔斯·玻尔所说："预测未来的最好方式就是创造未来。"科学研究方式的不断变革使科研团队的形成成为必然。著名科学家阿尔伯特·爱因斯坦就强调了团队合作的重要性，认为科学家们应该在团队中分享知识和思想，共同攻克复杂的科学难题。例如，现代天文学中的大型国际合作项目，如"事件视界望远镜"（Event Horizon Telescope，EHT），就是一个由多个国家的科学家合作组成的团队，旨在拍摄黑洞的影像，为科学界作出了重要贡献。

2. 资源、稀缺性的推动

"资源有限，科学无穷。"这句话恰如其分地表达了科学研究的现实情

况。在资源稀缺的情况下，科研团队的形成能够更有效地整合资源，提高科研的效率。管理学家彼得·德鲁克曾说过："资源的合理配置是创造价值的关键。"科研团队的形成可以将不同领域的资源整合起来，推动科研成果的产生和应用。例如，美国国家航空航天局（NASA）下属的各大研究中心，以及与之合作的大学研究团队，共同合作推动了航天技术的发展和太空探索的进展。

3. 跨学科发展的推动

跨学科合作已经成为当今科研领域的新常态。教育学家肯·罗宾森强调："创新不是单一学科的领域，而是多学科的融合。"科研问题的复杂性使得单一学科的知识无法涵盖所有方面，需要不同学科的专家共同合作。高校科研团队的形成能够将来自不同学科的科研人员会聚在一起，共同解决复杂的问题。例如，人类基因组计划（Human Genome Project）就是一个涉及生物学、计算机科学、生物信息学等多个学科领域的科研团队合作项目，推动了基因组学的飞速发展。

4. 研究系统的自组织推动

科学研究的发展往往是一种自组织的过程。创新不是个别的天才所为，而是系统性的组织过程。在复杂的科研问题面前，科研人员可能会自发地组成团队，以更好地协同合作。高校科研团队的形成能够更好地适应研究系统的自组织需求，将不同领域的知识和技能有机结合。例如，人工智能领域的研究常常需要计算机科学、数学、心理学等多个学科的知识，科研团队的自组织有助于更好地解决这些跨领域的问题。

5. 管理部门政策推动

政府和高校管理部门在科研领域起着重要作用。政策和计划是创新的推动力。政府可能会通过资金支持、奖励计划等手段鼓励科研人员合作成立团队。例如，中国国家自然科学基金委员会的"重大研究计划"鼓励团队协作，支持跨学科的科研项目，促进了高校科研团队的形成和发展。

3.1.2 内部因素驱动

1. 科研人员兴趣驱动

"内在的兴趣和热情是驱动科研人员形成团队的重要内部因素。人们在自己感兴趣的领域更有动力，也更具创造力。"在特定领域有共同兴趣的科研人员可能会自发地组成团队，共同追求知识的深度和广度。例如，在环境保护领域，对于可持续发展的关注和热爱环境的科学家们可能会组成团队，共同研究环境问题的解决方案。

2. 科研项目驱动

科研项目的需求是科研团队形成的常见内部因素之一。一个复杂的科研项目需要多个领域的专家共同合作才能解决。科研人员为了共同完成一个具体的科研项目，可能会组成团队，协同合作。例如，多个国家的科研人员合作完成的"大型强子对撞机"（Large Hadron Collider，LHC）项目就是一个典型案例，该团队成功探索了基本粒子的奥秘。

3. 科研竞争压力驱动

科研领域的竞争日益激烈，为了在特定领域取得突破，科研人员可能会主动组成团队。每个人都需要一个支持者，而每个人也都需要成为他人的支持者。科研人员可能会因为面临竞争压力，以及团队合作所带来的优势，而选择与其他同行合作形成团队。例如，在人工智能领域，众多研究团队争相研发领先技术，以争取领先地位。

在高校科研团队的形成中，外部因素和内部因素相互作用，共同驱动着团队的组建和发展。外部因素如科学研究方式的转变、资源稀缺性、跨学科发展的需求等，推动了科研人员共同合作，形成团队解决复杂的科研问题。而内部因素如科研人员的兴趣、项目需求、竞争压力等，也激发了科研人员主动组成团队，以更好地应对科研挑战。在高校科研团队的形成过程中，外部和内部因素的相互影响，使得团队能够在协同合作中实现更大的创新和突破。团队的形成不仅能够促进科研的进展，还能够培养科研人员的合作精神和团队意识，为高校科研事业的蓬勃发展提供强大的支持。

总的来讲，在以上外因和内因的联合推动下，促进了高校科研团队的形成和快速发展，其形成动因可用图 3-1 表示。

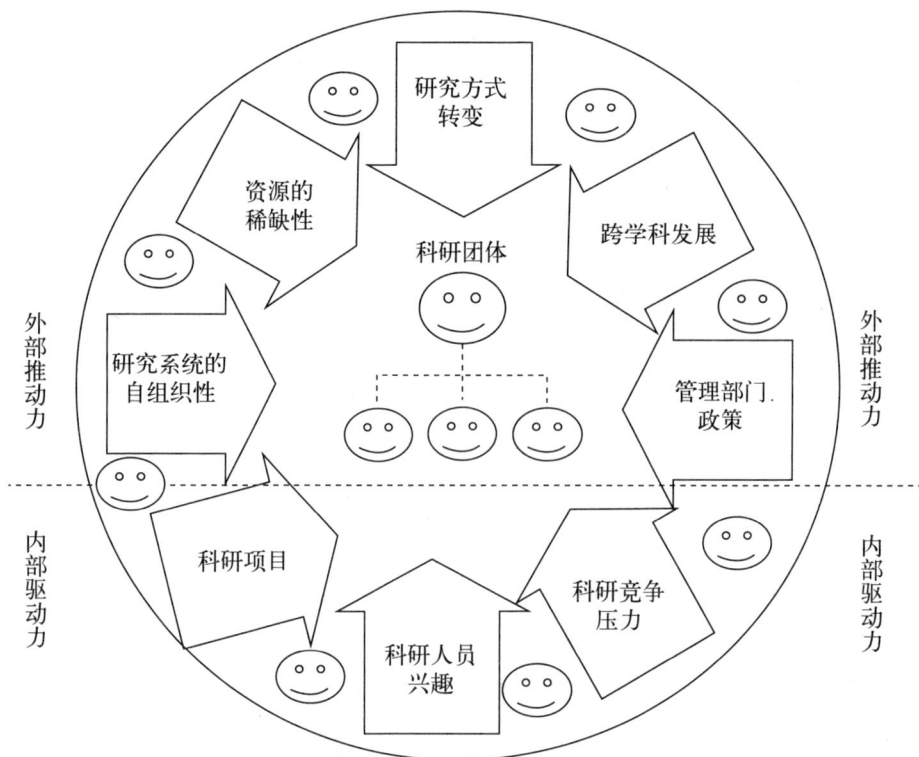

图 3-1　高校科研团队形成的动因

3.2 高校科研团队的组织构建

高校科研团队的组织构建是实现科学研究目标的关键步骤，它涉及人力、物力和组织等多个要素的协调和整合。在构建科研团队时，需要考虑如何合理配置人力资源、优化物质资源的利用，以及建立科学高效的组织结构。本部分将探讨高校科研团队的组织构建要素，包括人力要素、物力要素和组织要素，并引入一些科学家、教育学家和管理学家的观点，以及相关案例。

3.2.1 构建要素

1. 人力要素

科学家和教育家都强调了团队中成员的重要性。科研团队需要具备丰富的知识和技能，团队成员间的相互合作和协调将推动科研工作的深入。例如，诺贝尔化学奖得主克里斯蒂安·安夫森和马齐·鲍尔曼，以及他们领导的团队在纳米领域的合作研究中取得了突破性的成果，证明了多学科背景的团队在创新方面的优势。

高校科研团队的成功也依赖于团队成员之间的合作和互相支持。不同背景和专业的成员可以共同贡献独特的观点，促进创新的发生。例如，斯坦福大学的"李博士与学术团队"项目，会集了计算机科学、生物医学、心理学等不同领域的专家，共同研究如何将人工智能技术应用于解决心理健康问题，取得了显著的成果。

2. 物力要素

物力资源在高校科研团队的组织构建中也具有重要作用。著名管理学家彼得·德鲁克指出："资源的优化配置是创造价值的关键。"科研团队需要适当的设备、实验室、技术支持等资源，以保障科研工作的顺利进行。例如，麻省理工学院的"人工智能实验室"致力于开展前沿的人工智能研究，拥有先进的计算设备和实验室设施，为团队的创新研究提供了有力支持。

高校科研团队应当具备获取和整合多领域资源的能力，使得各种物质资源能够有效地支持科研工作。例如，美国国家航空航天局（NASA）下属的"喷气推进实验室"（Jet Propulsion Laboratory，JPL）依靠其丰富的物质资源，取得了多个太空探索项目的重要突破，如"旅行者"号探测器和"背景辐射探测卫星"（Planck Satellite）。

3. 组织要素

科研团队的成功也需要合理的组织结构和有效的管理。高校科研团队需要建立科学的组织架构，明确成员的角色和责任，以实现科研目标。例如，斯坦福大学的"斯坦福人工智能实验室"在团队中设有团队领导、项目经理、技术专家等角色，以确保团队的科研工作有序进行。

高校科研团队的组织要能够容纳不同背景和观点的成员，鼓励创新思维和合作精神。例如，麻省理工学院的"媒体实验室"是一个充满创新氛围的科研团队，吸引了来自不同学科和领域的成员，共同探索多媒体技术与艺术的交叉领域。

在高校科研团队的组织构建中，人力、物力和组织等要素相互交织，共同推动团队的协同合作和创新发展。科学家、教育学家和管理学家们的观点都强调了合作、资源配置和创新的重要性，这些观点在高校科研团队的组织构建中具有重要的指导意义。通过合理配置人力资源、优化物质资源的利用，以及建立科学高效的组织结构，高校科研团队能够更好地实现科学研究的目标，推动科研领域的进一步发展。

3.2.2 构建原则

在高校科研团队的组织构建过程中，存在一些重要的原则，这些原则可以帮助团队更好地发展和取得成功。科学家、教育学家和管理学家们都提出了一些构建原则，以指导高校科研团队的发展。以下将介绍适时引导原则、循序渐进原则和注重培育原则，并引入一些案例来说明这些原则的实际应用。

1. 适时引导原则

适时引导原则强调在团队的组织构建过程中，需要根据当下的科研趋势和需求进行灵活的引导和调整。高校科研团队应当充分了解当前的科研热点和前沿，根据需求吸引不同领域的专家加入团队，以便更好地应对科研挑战。例如，面对人工智能领域的快速发展，斯坦福大学的"斯坦福人工智能实验室"适时地引入了计算机科学家、工程师和心理学家等不同背景的成员，以共同研究人工智能在心理健康领域的应用。

2. 循序渐进原则

循序渐进原则强调科研团队的建设应当符合一定的步骤和阶段，逐步发展壮大。在构建高校科研团队时，应当从小规模合作开始，逐渐增加成员，逐步扩大研究范围。例如，斯坦福大学的"李博士与学术团队"项目最初是一个小规模的团队，随着项目的不断发展，逐步吸引了更多的成员和合作伙伴，形成了一个跨学科的大型研究团队。

3. 注重培育原则

注重培育原则强调在高校科研团队的组织构建中，需要注重培养年轻科研人员的能力和创新精神。团队需要为年轻科研人员提供良好的学习和成长环境，激发他们的创新潜能。例如，麻省理工学院的"媒体实验室"注重培养年轻学者，鼓励他们在创新的氛围中发展自己的研究方向。

在高校科研团队的组织构建中，适时引导原则、循序渐进原则和注重培育原则都具有重要意义。这些原则能够帮助团队更好地适应科研环境的变化，稳健地发展，并为团队的创新和突破提供了方向。通过根据当下的科研趋势进行合理引导，循序渐进地发展团队，以及注重培育年轻科研人员，高校科研团队可以更好地实现科学研究的目标，推动科研领域的进一步发展。

3.2.3 构建过程

高校科研团队的构建过程涉及多个环节和要素，需要科学家、教育学家和管理学家们的智慧和经验进行引导。在实践中，构建高校科研团队需要经历一系列步骤，包括确认创新领域、设立共同目标、配置团队领导、制定团队规范、获取团队资源、塑造团队精神以及构建学习型组织。以下将详细介绍这些构建过程的关键要点，并引入一些相关的科学家、教育学家和管理学家的观点，以及相关案例。

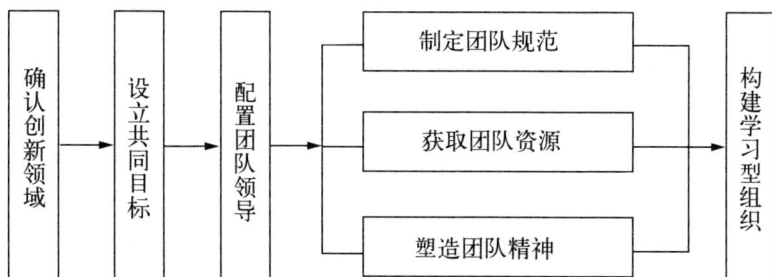

图3-2 高校科研团队构建过程模型

1. 确认创新领域

在构建科研团队时，首要任务是确认创新领域。这一步骤的关键在于确定团队将致力于的研究方向。这意味着创新的灵感往往来自不同领域的交叉融合，通过将多种思想和方法相互结合，形成新的创新思路。

在确定创新领域时，团队应当综合考虑当前科研领域的前沿动态以及实际需求。对于高校科研团队来说，选择与其学校和团队成员的专业背景相契合的创新方向，能够更好地发挥团队的优势。例如，麻省理工学院的"人工智能实验室"侧重于人工智能领域的研究，因为这一领域在当前科研中具有重要意义，其研究成果有望推动人工智能技术的发展并解决实际问题。

明确创新领域不仅有助于团队集中资源和精力，更能够为团队的研究方向和目标提供明确的指引。它为团队成员提供了一个共同的奋斗目标，促使团队在特定领域取得更为深入和有影响力的成果。因此，在构建高校科研团队时，确认创新领域是构建成功团队的重要第一步，它不仅关系到团队的方向和目标，还直接影响着团队的研究成果和影响力。

2. 设立共同目标

在构建科研团队时，设立共同目标是至关重要的一步。这一步骤旨在激发团队成员的合作和协同动力，确保团队朝着共同的方向前进。著名管理学家彼得·德鲁克曾说："目标不仅是未来的指引，也是行动的动力。"明确的科研目标有助于团队成员明白自己的努力和贡献如何融入团队的整体使命。

在设立共同目标时，团队应当确保目标明确、具体，并且与团队成员的个人目标相吻合。这样一来，团队成员就能够更好地理解为何他们需要协同工作，并能够意识到共同目标的重要性。例如，斯坦福大学的"李博士与学术团队"项目就通过设立共同的科研目标，吸引了来自不同学科背景的成员加入团队。这些成员共同致力于解决复杂的学术问题，他们的合作促使不同领域的知识得以融合，从而产生了更具创新性的成果。

共同目标的设立不仅能够促进团队成员之间的合作和协同，还能够提高团队整体的凝聚力和向心力。它能够为团队提供一个共同的追求，激励成员为实现共同目标而付出努力。因此，在高校科研团队的构建过程中，设立共同目标是构建成功团队的关键一步，它能够为团队成员提供明确的方向和动力，推动团队朝着共同的目标努力前进。

3.配置团队领导

在构建科研团队时，配置明确的团队领导是不可或缺的一环。团队领导者的角色在于协调团队的活动、制定决策以及提供指导。团队领导者应该充分发挥自己的经验和洞察力，为团队成员指引前进的方向。

团队领导者需要具备丰富的科研经验和管理能力。他们不仅需要对所涉及的科研领域有深刻的理解，还应当具备组织、协调和决策的能力。他们能够将团队成员的专业知识和技能进行合理调配，以达到最佳的工作效果。例如，美国国家航空航天局（NASA）下属的"喷气推进实验室"（Jet Propulsion Laboratory，JPL）的团队领导者在多个太空探索项目中发挥了关键作用，他们既是科学家又是卓越的管理者，成功地引领团队取得了多项重要的科研成果。

团队领导者的存在有助于团队保持紧密的组织和协调，从而更好地朝着共同目标前进。他们能够为团队提供指导和支持，解决困难和冲突，以及激励团队成员充分发挥自己的潜力。在高校科研团队的构建过程中，配置具备丰富科研和管理经验的团队领导者能够为团队的协同合作和创新发展提供坚实的支撑。

4.制定团队规范

在构建科研团队时，制定明确的团队规范是确保团队协作高效有序的关键一步。团队规范可以为团队成员提供明确的工作指导，从而使团队的合作更加顺畅。

团队规范应当涵盖工作流程、沟通方式、责任分配等方面。通过明确规定团队成员在科研工作中的角色和职责，可以有效避免混乱和冲突。例如，麻省理工学院的"媒体实验室"在团队中设立了清晰的规范，规定了项目开展的流程、会议的举办方式、成员的协作方式等。这有助于确保团队成员在创新的氛围中能够高效地合作，不会因为沟通不畅或责任不清而影响团队的工作进展。

制定团队规范还有助于营造积极的工作氛围。规范能够为团队成员提供明确的期望和目标，让每个人都知道自己应该做什么、如何做。这种明确性能够减少误解和不必要的纠纷，使团队能够更加专注地从事科研工作。在高校科研团队的构建过程中，制定团队规范是确保团队成员能够协调合作、保持高效的重要手段。

5. 获取团队资源

在构建科研团队时，获取充足的资源支持是至关重要的。这包括资金、设备、实验室等各种资源，它们是团队开展科研工作的基础保障。团队需要积极争取来自校内外的资源，以确保科研工作能够顺利进行。

在获取团队资源时，团队应当秉持高效利用的原则，将资源用于最有价值的方向。这需要团队具备全面的规划和战略眼光，确保每一项资源都能够得到充分的利用。例如，斯坦福大学的"斯坦福人工智能实验室"依靠丰富的资源，能够在人工智能领域展开多个前沿研究，取得了众多重要成果。

获取团队资源还需要建立广泛的合作网络。团队可以与校内外的其他研究机构、行业合作伙伴等建立合作关系，分享资源和信息。通过合作，团队能够获得更多的支持和机会，推动科研工作的发展。在高校科研团队的构建过程中，获取团队资源是保障团队科研工作顺利进行的重要环节。只有充分利用各种资源，团队才能在科研领域取得更大的突破和创新。

6. 塑造团队精神

塑造团队精神是构建成功科研团队的重要一环。团队的凝聚力和合作精神在团队的协同合作中扮演着至关重要的角色。团队应该通过共同的目标和文化价值观，培养出积极向上的团队精神，从而更好地发挥每个成员的潜力。

团队精神的塑造需要建立一种共同的团队文化，使每个团队成员都感到自己是团队中不可或缺的一部分。这可以通过鼓励成员之间的互助合作、分享经验和知识来实现。例如，约翰·霍普金斯大学的"应用物理实验室"就强调团队成员之间的协作与支持，他们在共同研究的过程中形成了紧密的合作关系，每个成员都能够从其他成员的经验中受益。

团队精神的塑造还需要激励团队成员积极参与并贡献自己的力量。这可以通过肯定和奖励优秀的表现、鼓励创新和尝试来实现。同时，团队领导者应该起到榜样的作用，展示出团队精神的核心价值和行为准则。

在高校科研团队的构建过程中，塑造团队精神是确保团队成员紧密合作、共同进步的关键一步。只有通过团队精神的共同引领，团队才能够在科研领域取得更大的成就，并为科学发展作出积极贡献。

7. 构建学习型组织

构建学习型组织是高校科研团队的长期目标之一。学习型组织是由彼得·圣吉所提出的概念，强调组织应当具备持续学习的能力，以适应不断变化的环境和需求。在高校科研团队的构建过程中，将学习型组织的理念融入其中，可以帮助团队更好地适应科研领域的变化，保持创新和发展的动力。

学习型组织的核心理念是学习和创新。彼得·圣吉在他的著作《第五项修炼》中指出："学习型组织是那些不仅能持续学习，而且能在学习中不断创造和演化的组织。"在高校科研团队中，科学家们需要不断更新自己的知识和技能，以应对不断变化的科研挑战。这需要建立积极的学习文化，鼓励团队成员参与各种学术交流活动、培训课程和研讨会，以不断提升自己的专业素养。

学习型组织强调知识共享和团队协作。彼得·圣吉认为："知识共享是创造新知识的基础，而协作是运用知识的途径。"高校科研团队应当鼓励团队成员之间的知识共享和协作，避免"信息孤岛"和重复劳动。通过共同探讨问题、分享经验和合作研究，团队成员可以在协同中产生更多的创新想法。

学习型组织注重反思和持续改进。在不断变化的科研领域中，持续改进是至关重要的。团队应当鼓励成员对项目进行反思，总结经验教训，找到改进的机会。这需要建立开放的沟通氛围，让团队成员愿意提出问题和建议，以推动团队的不断进步。具体见图3-3。

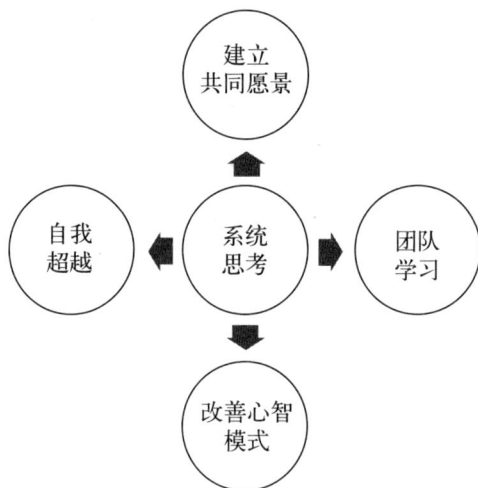

图3-3 学习型组织的五项修炼

在高校科研团队的构建过程中，构建学习型组织是关键一环。通过强调学习、创新、知识共享和持续改进，团队可以更好地适应科研领域的变化，不断提升团队的创新能力和竞争力。学习型组织的理念将为团队的长期发展提供指导，确保团队在不断变化的环境中保持活力和创新力。

3.3 高校科研团队的组织模式与行为模式

3.3.1 高校科研团队的组织模式

科研团队的组织是科研团队管理的核心，也是科研活动是否能够实现创新并达到期望成果的决定性因素。通过构建科学合理的组织结构，能够有效地协调和管理科研团队的人员、财务、物资等资源，从而提升科研团队的创新绩效。总体来看，高校科研团队的组织模式可以分为以下六种不同类型。

1. 线性组织模式

线性组织结构是科研工作中广泛应用的一种组织形式。在这种模式下，科研活动被分为不同的独立阶段，每个阶段的工作相对独立，按照前后顺序进行,并且后一阶段的工作对前一阶段的工作有强烈的依赖性。如果某个阶段出现错误或失败,将影响整个团队后续阶段的工作。因此,科研团队在实现创新过程中面临一定的风险。为了确保整个研究活动的成功,必须稳步推进,做好每个阶段的研究工作。

线性组织模式具有一些优点,例如团队领导易于监督和控制,团队成员可以在多个科研项目中承担不同的角色,这有利于团队成员的成长和发展,提升他们的专业技能。然而,由于团队负责人负责全程科研活动的管理,这种模式容易导致科研活动的混乱,项目进度迟缓,科研效率不高。同时,不同阶段人员之间的协作和交流沟通也存在一定困难。

为了更好地理解线性组织模式,可以参考下面的示意图(图3-4)。这个图示清晰地展示了各个阶段之间的依赖关系和科研活动的顺序推进。同时,它也反映了团队成员在不同阶段中的角色和任务分配,有助于更好地协调和管理科研工作。

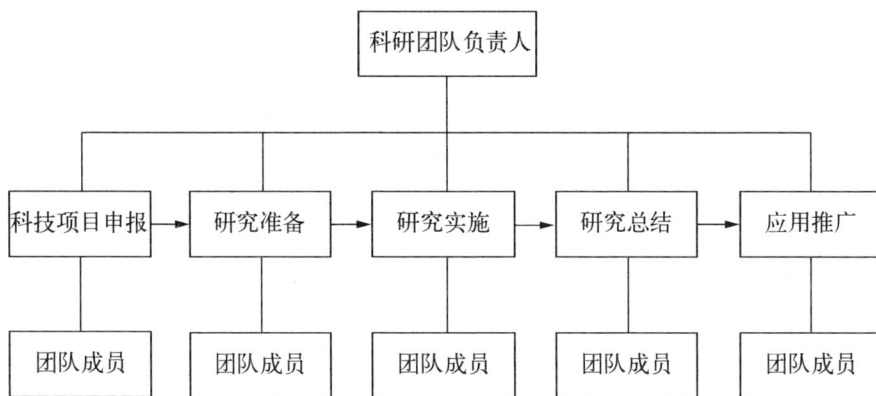

图3-4 高校科研团队线性组织模式

2. 层级式组织模式

层级式组织模式是一种简单实用的高校科研团队组织模式。随着高校科研团队规模的扩大和科研项目的复杂性增加,仅仅依靠科研团队负责人的领导难以对整个团队成员进行全面有效的管理。因此，层级式组织模式在科研团队负责人下设置了层级，负责对子项目和团队成员进行管理。下一层级的负责人受上一层级负责人的指导和领导。各层级负责人指导和管理所负责的子项目或团队成员。子项目负责人一般由科研团队负责人的助理、教授、副教授或高年级博士研究生担任。团队成员则由讲师、博士研究生、硕士研究生等组成。科研团队总负责人负责整体协调和管理项目及团队的工作。以下是层级式组织模式的示意图（图3-5）。

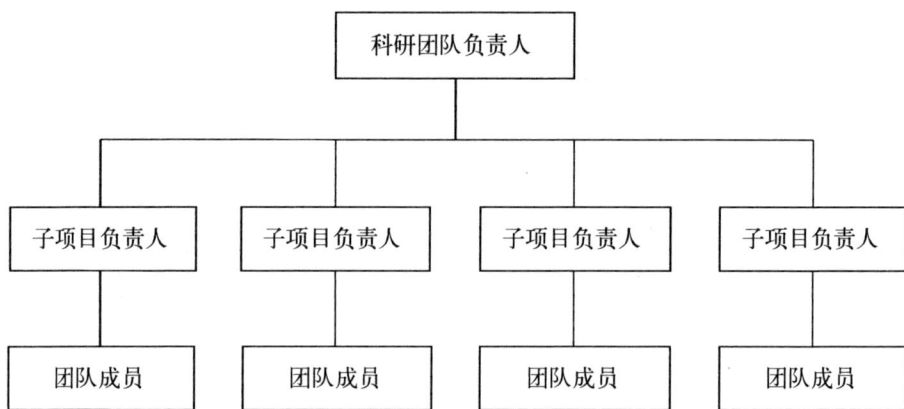

```
                    ┌──────────────┐
                    │  科研团队负责人  │
                    └──────┬───────┘
        ┌──────────┬──────┴─────┬──────────┐
  ┌─────┴────┐ ┌───┴─────┐ ┌────┴────┐ ┌────┴────┐
  │子项目负责人│ │子项目负责人│ │子项目负责人│ │子项目负责人│
  └─────┬────┘ └───┬─────┘ └────┬────┘ └────┬────┘
  ┌─────┴────┐ ┌───┴─────┐ ┌────┴────┐ ┌────┴────┐
  │ 团队成员  │ │ 团队成员 │ │ 团队成员 │ │ 团队成员 │
  └──────────┘ └─────────┘ └─────────┘ └─────────┘
```

图3-5 高校科研团队层级式组织模式

层级式组织模式具有各负其责、便于管理和较高的效率等优点，因此被广泛应用。然而，该模式下团队成员间的协作性较差，各子项目间的交流和沟通较少，不利于大型科研项目的联合攻关。

3. 职能型组织模式

为提高高校科研团队创新效率，可以采用职能型组织模式。该模式通过将具有相似专业技能、背景或研究方向的成员分成不同的专业小组或部门来有效管理和利用他们的专业技能。每个小组或部门负责不同的职责和权力，例如研发、试验测试和应用推广。每个小组或部门都有一位负责人，拥有自主决策和使用资源的权力。该组织模式的结构示意图见图3-6。

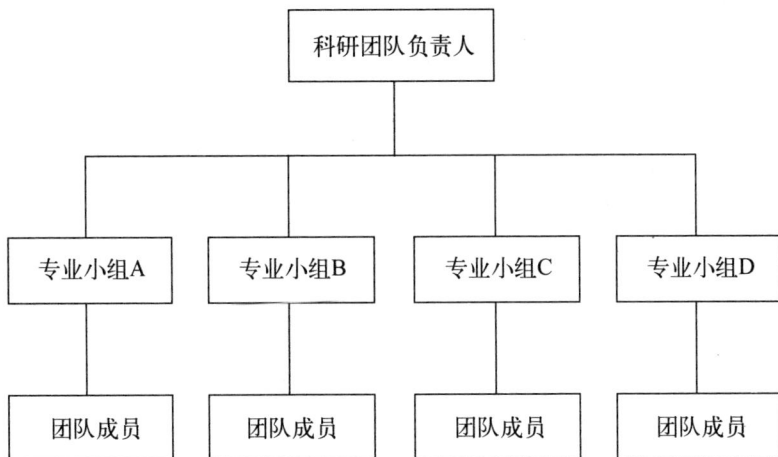

图3-6 高校科研团队职能型组织模式

通过职能型组织模式，不同专业人员被分组，实现资源共享和责任分担。他们可以根据需要分配到不同的科研项目上，确保每个项目都能使用最先进的技术。专业化分工模式有利于大规模生产和提高科研效率，使团队的职能稳定，并且制度和工作规范明确易懂。由于组织结构垂直，团队内部沟通顺畅，管理和控制相对容易。然而，职能型组织模式也存在一些问题，例如不同专业小组间的协调困难、对问题的反应较慢以及责任划分困难等。

4.项目组组织模式

项目组模式类似于企业组织的事业部制，将科研团队中的各类专业人员集中在同一个项目小组中，负责一个科研项目的全部流程。组织结构如图3-7所示。在该模式下，项目负责人对专业小组和项目负责人进行统一领导，项目负责人直接指挥项目组成员。这种组织结构能够提高沟通效率，加快科研速度，增强团队协作精神和责任感。然而，由于分散了各专业小组中的人员，可能影响各专业小组的专业水平提高和知识积累，同时也可能导致项目组之间的经费、人员和利益之争，给团队的长期发展带来困难。

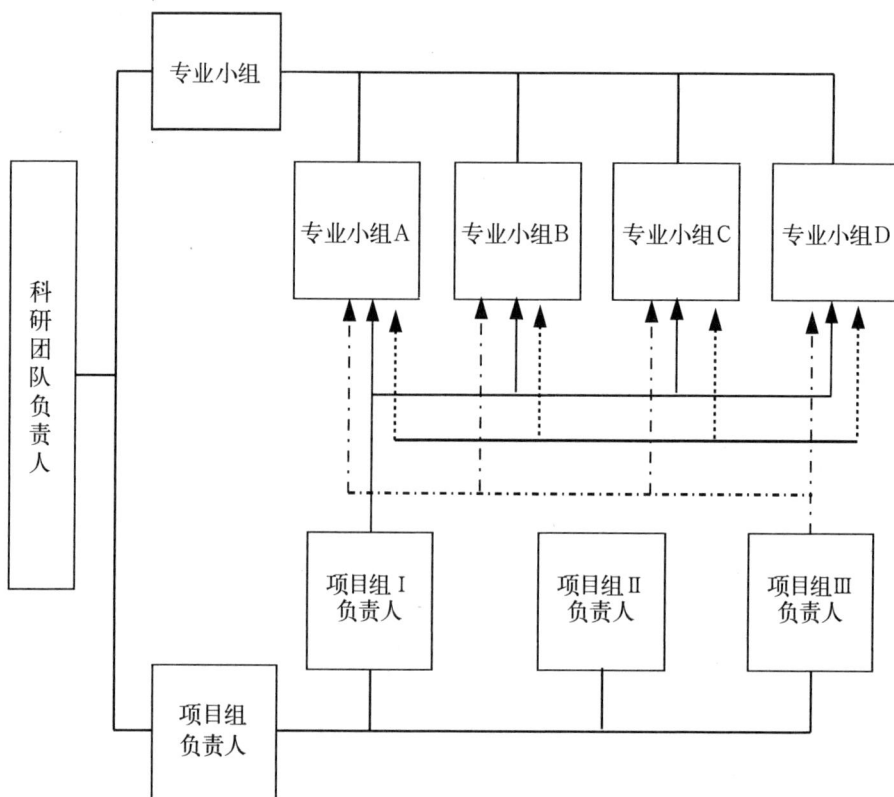

图 3-7 高校科研团队项目组组织模式

5. 矩阵型组织模式

矩阵型组织模式将职能型和项目组模式有机地结合起来，加快科研项目进度、提升团队效率和发挥专业优势。在科研团队、科研院所和研究中心中广泛应用。此模式下，项目组负责人全权负责科研项目，明确责任。学科和专业小组通过专业化发展提升成员水平和创新能力，为项目提供有力支持。科研团队负责人下放决策权和领导权，专注长远战略、争取项目和可持续发展。但多头领导可能导致权力争议和责任推脱，影响科研进度和效率。其组织结构如图 3-8 所示。

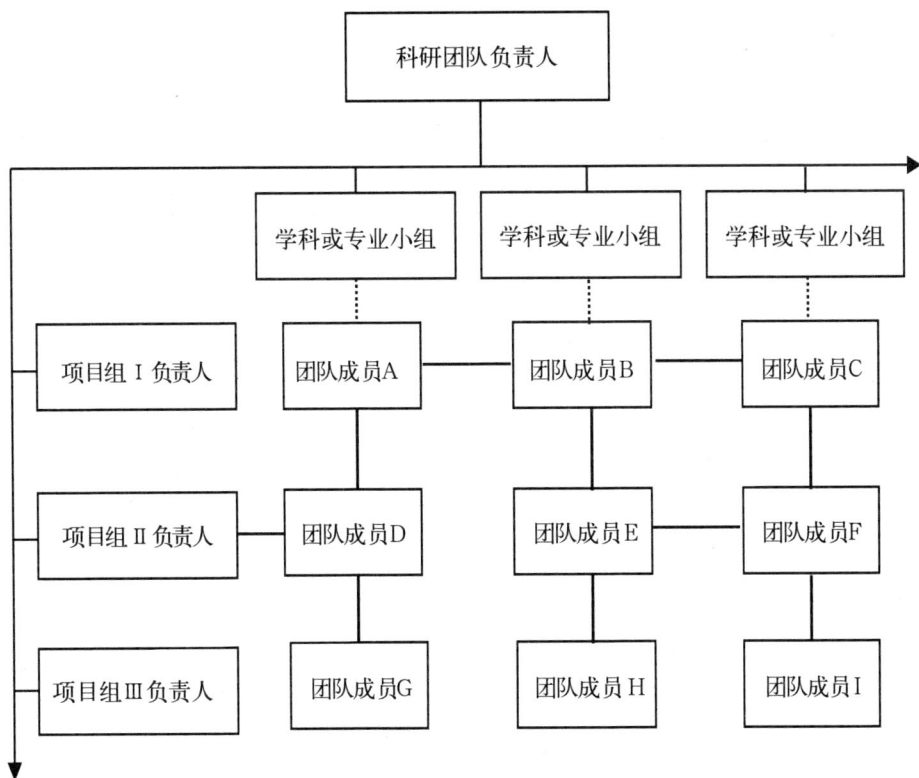

图3-8 高校科研团队矩阵型组织模式

6.分布式组织模式

分布式组织模式是为适应大科学时代的需求而发展起来的高校科研团队的一种特殊形式。该模式整合了不同地域、学科和高校甚至不同国家的人才和技术资源，实现团体式创新。主要由核心成员层和外围成员层组成，核心成员负责项目发起和重要参与，而外围成员自由加入或退出。分布式组织模式促进资源共享和知识创新，解决科研中的难题并推动科学创新。但空间距离加大会降低沟通频率和知识传递效果，文化差异也会影响交流与共享。因此，建立分布式知识交流与共享平台，利用信息技术促进成员交流和沟通，并进行知识治理至关重要。其组织结构如图3-9所示。

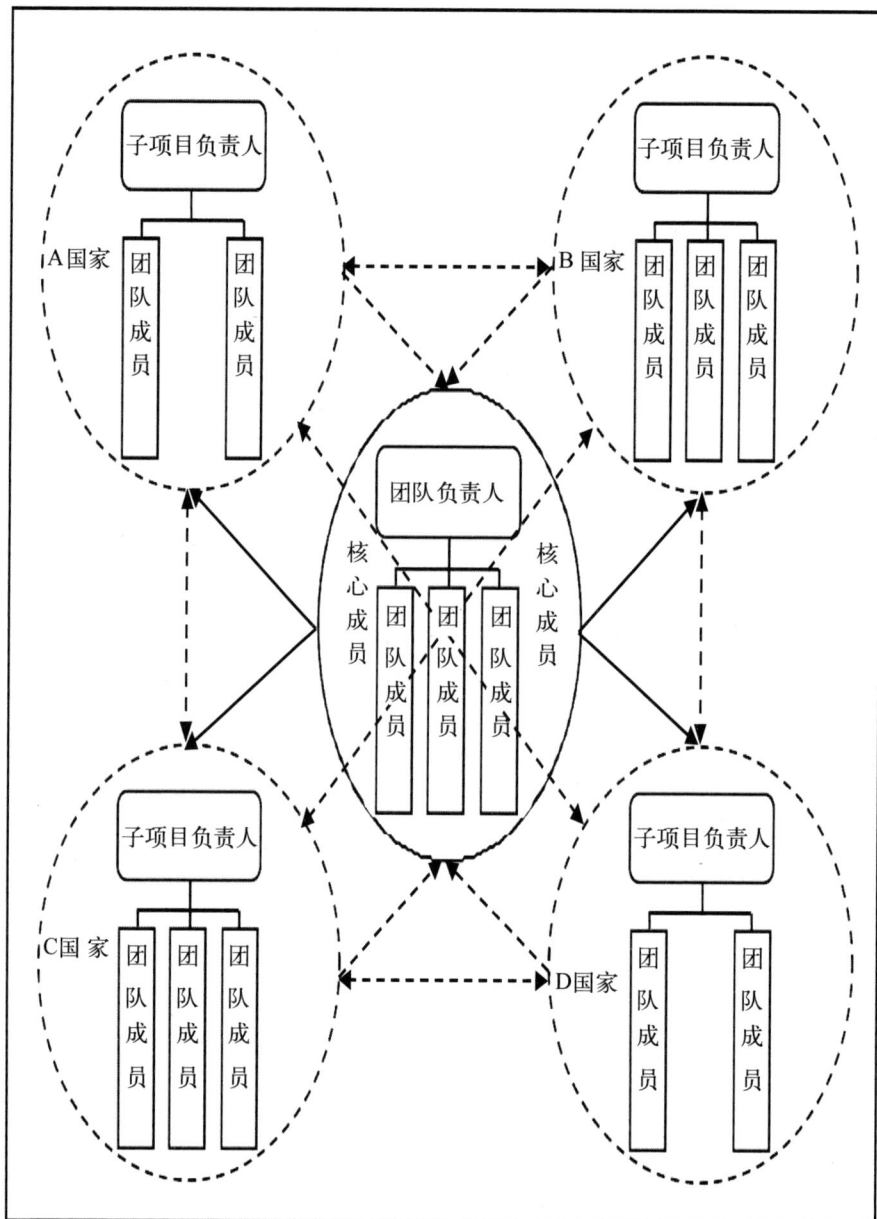

图 3-9　高校科研团队分布式组织模式

3.3.2 高校科研团队的行为模式

研究发现，科研团队的领导行为、合作行为和冲突行为对于团队的创新能力和发展具有重要影响。在高等教育背景的大学和科研机构中，科研团队的主管如果缺乏学术领导角色所需要的培训和个人特质，将会限制团队的生产创造力。团队领导在控制团队过程中扮演着重要角色，从而影响科研团队的创新能力。合作作为团队问题解决的基本行为模式，是科研团队发展的必要阶段，也是团队组织运作过程中的重要环节。然而，合作过程中不可避免地会出现冲突行为。因此，本部分选择领导行为、合作行为和冲突行为作为研究范围，结合国内外学者的研究成果进行探讨。

1. 领导行为

科研团队的领导行为是团队领导人与团队成员之间的互动过程，对于团队的绩效水平和发展至关重要。弗莱施曼等人根据四个维度对团队领导职能进行了界定：信息搜寻和结构化、运用信息解决问题、管理人力资源、管理物质资源。领导确认问题、解决问题需要获取信息，并对目标进行分解，合理分配人力和物质资源，并进行过程监控。团队领导职能包括获取团队任务和相应资源、建立目标和团队协调。团队领导行为方式随着团队的发展而变化，团队活动划分为目标和工作计划制订阶段以及执行阶段。在科研团队中，领导行为的重要作用在于设定团队目标、选择成员、阐明计划、指导工作进展、协调冲突和监督任务完成情况。领导角色可以通过组织正式授权或非正式群体的需要产生，而成功的团队领导者能够获取外界资源支持、激发成员积极性和自主性，带领团队达到高绩效水平。然而，不当的领导行为可能带来负面影响，如任务无法达到预期目标、成员不满情绪和团队瓦解。

2. 信任与合作行为

信任是合作的基础，也是团队发展的纽带。高校科研团队的信任行为可分为情感信任和认知信任。情感信任主要体现在团队成员之间的情感联系和亲近程度，认知信任则是基于任务的理性行为，体现在对团队整体科研能力和水平的判断上。

　　高校科研团队的信任具有风险性、经验性、情境性和敏感性特征。成员是否信任依赖于他们根据个人经验判断其他成员的能力、品性和行为方式，并根据不同情境做出动态调整。团队遇到危机或曾出现不信任行为，之前建立的信任关系可能会瓦解。科研团队内的信任关系会导致成员之间的情感和工作依存关系，促进合作行为的发生。

　　合作是为实现共同目标而互相配合的行为过程。高校科研团队的合作包括团队内成员以及成员与内外部环境之间的知识和信息资源的交换与交流。团队成员通过互相帮助、讨论问题和依靠团队规范制度的支持形成协作、互助和互信的合作行为。如图3-10所示。合作还涉及互相信任、协同工作、共同学习和共同创新等高级层面。

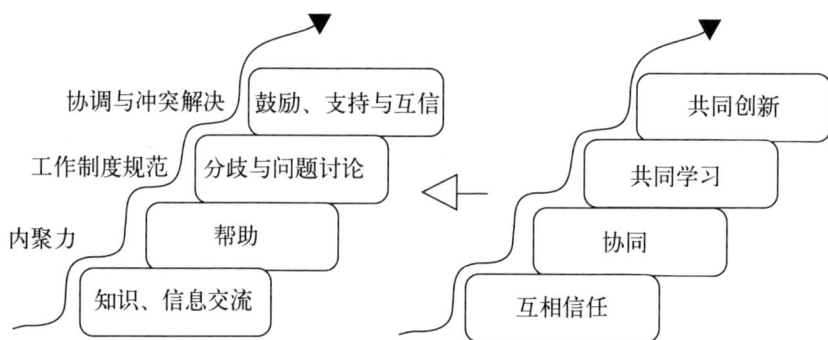

图3-10　团队合作行为四维进阶模型

　　3.冲突与沟通行为

　　团队领导人是科研团队的经脉，而学术带头人是团队的灵魂，核心成员是科研团队的骨架，普通成员是科研团队的血肉，领导人和学术带头人也可能是同一人。领导人要具有良好的业务能力、管理水平和沟通能力，引导团队成员实现团队目标；而学术带头人则需要有高水平的科研专业技术，引领团队走在学科前沿、实现攻关。临时成员是可能因项目或业务需要而短期加入的成员，对团队科研活动具有潜在影响。处理好下图（图3-11）这五类人员的冲突，做好沟通工作有助于团队创新能力的提升，促进团队高效、有序地运转。当然，全球化的发展和知识的分布式特性要求团队与外部环境保持开放沟通状态，及时从外部获取有利资源，包括项目、资金、政策支持、社会荣誉等。

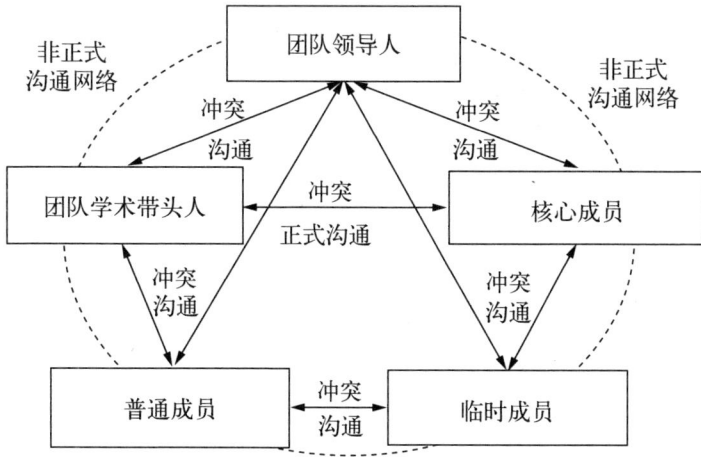

图 3-11　高校科研团队内部的冲突关系

第4章 高校科研团队的组织行为理论基础

高校科研团队绩效考评建立在多种理论基础之上。一般说来，影响高校科研团队绩效考评的主要有需要理论、公平理论、归因理论、激励理论、目标设置理论等。

4.1 需要理论

当代社会越来越注重个体因素，并强调积极性的调动。在工作环境中，个体的工作积极性各不相同，有些人表现出高度的积极性，而有些人则缺乏积极性。一些人可能在某些时刻或特定工作中表现出积极性，但在其他时间或不同工作中则缺乏积极性。这种现象的产生主要是因为需求与满足之间的关系，也就是需求理论所强调的：个体的社会行为是为了满足不同需求，需求是积极性表现的基础。

1. 人的行为动机机制

需求理论阐释了人们产生积极性的本质特征。人们的积极性是由内外刺激引发的需求，需求激发动机，动机驱动行为，行为指向并实现目标，最终达到需求的满足。这一基本过程如图4-1所示。行为的表现直接导致目标的实现，而这种表现即我们所追求的积极性。个体在追求需求满足的过程中，会产生强烈的积极性，从而实现个体的意愿，满足个体的需求。这也就是为什么人们常说的"不达目的不罢休"。

通过深入理解需求理论的核心概念，我们可以更好地探讨积极性的本质。如图4-1所示，行为是由动机激发的，这一概念强调了需求与动机之间的密切关系，动机是驱动个体行动的推动力。个体的一切行为都是由动机推动的，这包括了追求目标、实现愿望和满足需求等方面。

因此，需求理论为我们提供了深刻的洞察，揭示了人们行为背后的根本动因。这有助于我们更好地理解和引导个体的积极性，推动他们朝着实现目标和满足需求的方向不懈努力。需求理论的图示（图4-1），清晰地展示了需求、动机和行为之间的关系，强调了积极性的驱动力量。

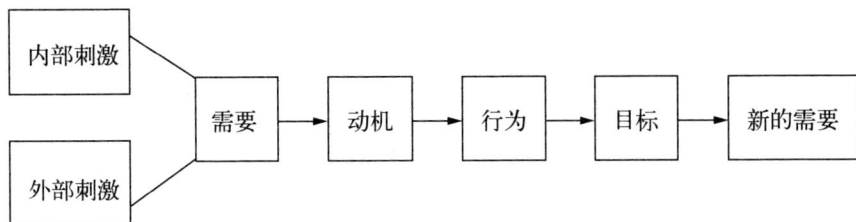

图4-1 人的行为动机机制

2. 需要与动机的关系

然而，并非所有需求都会引发行为表现。人的需求多种多样，只有在基本能力的范围内，某些需求才会产生动机行为。通常情况下，通过刺激特定需求，才能引发个体的积极性。这一点需要我们更加深入地思考和理解。

举例来说，虽然我们可能需要购买一辆私家车等，但若经济条件不允许，购车的动机就不会产生。此外，即使经济条件允许，如果某些需求由于种种原因未受到合理刺激，仍然不会产生积极性。因此，需求理论的关键在于，只有受到刺激的需求才能引发积极性。

这种需求与动机之间的关系可以用一个更加具体的例子来阐释。想象一位学生，他需要在学校取得好成绩。这种需求（取得好成绩）通常需要内在动机，如对知识的渴求、对未来的追求等来实现。然而，如果这位学生在学习中没有找到足够的乐趣或挑战，或者没有明确的奖励机制来激励他，那么他的积极性可能不足以驱动他去取得好成绩。

因此，需求理论提醒我们，了解需求与动机之间的关系以及如何刺激特定需求，对于引发积极性和推动行为至关重要。只有深入理解这些因素，我们才能更好地激发个体的积极性，引导他们朝着实现目标和满足需求的方向不懈努力。这一思考可以帮助我们更全面地理解需求理论，将其应用于不同情境中，以更好地推动个体的积极行为。

3. 需要满足即消失

需求满足即消失的现象是我们在生活和工作中经常能够观察到的。需求通过激发动机引发行为，最终以实现目标来满足。然而，一旦需求得到了满足，它就会逐渐减弱或消失。在当前的高校环境中，我们可以看到某些教师参与科研和论文发表的动机主要是为了获得职称晋升。这种情况下，这些教师的论文发表呈现出一种"脉冲"现象，即在特定时间内论文数量会突然增加，然后很快又回落，然后在晋升职称周期再次重复。这一现象可以视为职称晋升激励的结果。因为从副教授晋升为教授需要一定的时间，所以当达到晋升的条件时，晋升的需求会转化为动机，推动他们发表更多的论文。然而，一旦获得了副教授职称，晋升的需求就会消失，积极性也会相应地减弱。由于晋升更高职称的条件尚未满足，这个需求暂时没有被激发为动机。只有在一定的刺激条件下，更高职称的需求才会被重新激发，然后重复上述过程。这导致这些教师在科研中表现出阶段性的积极性。一旦达到了最高职称或者实现了他们的预期目标，晋升的需求完全消失，相应的积极性也会逐渐减弱。因此，我们可以看到，晋升职称的激励方式具有一定的局限性，这既验证了需求是积极性的基础，也印证了需求满足即消失的理论。

4. 需求层次说

马斯洛需求层次说为我们提供了一种深刻理解积极性本质的框架。这一理论认为，个体的动机发展与需求满足密切相关，并将需求分为不同的层次逐步满足。这些需求包括生理需求、安全需求、社交需求和尊重需求等基本需求，以及认知需求、审美需求和自我实现需求等更高层次的需求。需求层次说强调，需求是按照一定的层次结构逐渐实现的，每个层次的需求在满足后，个体会追求更高层次的需求。这一理论为我们提供了一个深刻的理解框架，用于理解个体的动机和积极性。

通过需求理论的分析，我们可以更深入地理解依赖晋升职称这种激励方式的局限性。并非所有教师都具有晋升职称的需求，而且并非所有需求都会在任何时候转化为动机。因此，单纯依赖晋升职称来激励个体参与科研活动无法持续调动所有人的科研积极性。我们需要更加多元化和个性化的激励措施，以更好地满足不同个体的需求和动机，从而推动科研活动的全面发展。

4.2 公平理论

公平理论，又被称为社会比较理论，是由美国北卡罗来纳大学的心理学家亚当斯于 1965 年首次提出的。这一理论的形成融合了费斯汀格的认知失调理论和霍曼斯等人的社会交换理论，旨在深入探讨个体如何通过比较实际获得的回报与他们的预期目标，来评估自身回报是否合理，以此作出公平与否的判断。这一判断直接关系到个体的满意度，进而影响个体的行为和工作效能，最终直接影响个体的积极性。高满意度通常会激发积极的激励效果，而低满意度可能导致失去工作积极性和表现不佳。因此，公平理论强调了人的动机和他们的知觉之间的紧密联系，特别是关于工资和报酬分配的合理性和公平性如何影响职工的工作积极性。以下将对公平理论进行更深入的解析，涵盖以下三个关键方面。

4.2.1 公平理论概述

公平理论聚焦于个体通过比较实际获得的回报与自身的预期目标，来评判回报是否公平，进而对"公平"与否作出判断。这种评判会直接影响个体的满意度，从而影响其行为和工作效能，最终直接影响其未来的积极性。高满意度通常会产生积极的激励效果，而低满意度则可能导致失去工作积极性和表现下降。公平理论强调了个体动机和知觉之间的紧密联系，特别是在涉及工资和回报分配的合理性与公平性对员工工作积极性的影响方面。该理论主要涵盖以下三个方面的内容。

1. 公平作为激励的动力

公平理论认为，个体的激励不仅受到个体所获得的回报的影响，还受到与他人回报的公平比较的影响。个体的动机受到个人得失的影响，同时也受到与他人得失的比较的影响。人们倾向于综合考量相对的投入和回报来衡量个人的得失。当个体的得失与其期望基本相符或与他人相比较为平等时，个体会感到公平，并表现出心理平静和满足。而如果个体的得失相对较多，将会激励个体，这种激励是最有效的，但也可能伴随着一定的焦虑和不安。相反，如果个体的得失较少，可能会导致不安全感、不满和消极怠工。因此，合理的分配在激发组织内个体的工作动机方面至关重要。

2. 不公平的心理行为

个体对于公平与否的判断受到其知识水平和修养的影响，甚至外部环境可能通过个体的世界观和价值观的改变来产生作用。公平理论认为，当个体认为分配不公平时，可能会出现六种主要的心理反应：改变自身在工作上的投入、通过自我解释来调整所得以达到心理平衡、曲解对自身的认知、曲解对他人的认知、调整自身的比较对象以寻求心理平衡点、考虑更换当前工作。

3. 公平中的横向与纵向比较

人们通常会进行两种类型的比较心理：纵向比较和横向比较。纵向比较涉及将个体自身与过去的自己进行比较，以评估回报的公平性。横向比较则涉及将个体与他人进行对比，以评估个人回报的公平性。这种比较方式在个体的工作满意度和情感方面产生影响，尤其是在明确的项目或标准方面更为显著。

4.2.2 公平理论的应用和局限性

公平理论认为，在绩效考评中，个体关注自身所得报酬的绝对值和相对值。绝对值是个体对于自身付出和回报的比例的关注，而相对值则涉及个体与他人比较的程度。这种相对比较对于工作满意度的影响是显著的。然而，个体对于相对值的关注主要集中在明确的项目上，如论文质量和水平等，而在模糊的项目上关注较少。

横向比较就是将"自己"与"别人"相比较来判断自己所获得的奖励或者报酬的公平性，从而对此作出相应的行为反应。一个人所得报酬的绝对值与其工作积极性的高低并无直接的必然联系，人们只关心个人付出的劳动与所获得报酬的比值。当与同等对象相互比较时，判断其获得的报酬是否公平，比较结果直接影响其工作积极性、行为和未来业绩。

纵向比较指的是将个体当前获得的报酬与过去投入相同付出所获得的报酬进行比较。如果个体所得报酬与过去相同，不会产生正向效应，这可能导致不良结果。但个体可能会认为激励措施基本公平，积极性和努力程度可能保持不变或减少。然而，如果个体所得报酬少于过去，会产生负向效应，个体会感到不公平，导致工作积极性下降。这种情况很常见，因为与过去相比，每个人都会认为自己的价值在不断提升，自己的投入在不断增加。因此，如果报酬没有增加，就会产生"少于"的感觉，引发不公平感。另一方面，如果个体所得报酬较多，可能会认为自己的能力和经验进一步提升，从而提高对自己的评价，但对工作积极性的提升作用相对较小。

4.2.3 公平理论的启示

1. 综合考虑绝对值和相对值

在绩效考评中，应该平衡关注个体所得的绝对值和相对值。绩效考评应综合多种方式，以减少不公平感。需要综合考虑各种因素，避免影响正常管理和造成不公平的现象。

2. 强调公平

在绩效考评中，应致力于维护公平。通过制度的执行、认真的考核和监督，确保绩效考评的过程和结果公平、公正和合理。对于那些具有特殊才能、完成复杂任务或为单位作出杰出贡献的个体，应特别关注其心理平衡。

3. 适应不同情境

在高校教学科研人员绩效考评中，需要根据不同情况制定合理的政策导向，旨在考虑大多数人的利益，避免不公平现象的出现。应注重不同类别人员的差异性，建立适应不同情境的评价体系。

综上所述，公平理论强调个体通过比较自身的付出和回报来判断公平性，这种相对性影响着个体的工作积极性和表现。在绩效考评和管理中，综合考虑绝对值和相对值，强调公平，适应不同情境，都能够促进公平的实现和个体的积极性的提升。

4.3 归因理论

归因理论，作为西方社会认知心理学领域的一项重要理论，被广泛应用于解释人类行为，探究人们行为解释对情感、动机和行为的影响。由海德、韦纳、阿布拉姆森等多位专家提出并逐步发展，形成了多个派别，成为 20 世纪 70 年代美国社会心理学研究的中心议题。

4.3.1 归因理论概述

归因是人们对自己或他人行为原因进行解释和推测的过程。在日常生活中，人们经常尝试理解事件背后的原因。例如，老师迟到时，同学们会推测是因为出差刚回来，或者因为遇到了交通拥堵等。这种解释和推测的过程即是归因。

根据归因者与行为者的关系，归因可以分为自我归因和他人归因。自我归因指个体对自己的行为进行解释分析，而他人归因则是对他人行为进行解释分析。通常，个体在归因过程中会同时运用自我归因和他人归因的方法。

4.3.2 海德的归因理论

1958 年，美国心理学家海德首次在《人际关系心理学》中提出了归因理论。海德从一种"朴素心理学"的角度，尝试揭示行为的因果关系，将人类视为理性主体，通过归因分析来理解行为背后的因果关系。他认为，人类具有两种强烈的动机需求：构建对周围环境一致性的理解，以及掌控环境。为满足这些需求，人们需要能够预测他人的行为。海德提出，人们在归因时会寻求结果与原因之间的不变关系，这一不变性原则使特定原因总是与特定结果相关联。海德认为，人们通常会将成功或失败归因于努力、能力、任务难度和机遇等因素。其中，努力和能力属于内在因素，而任务难度和机遇属于外在因素。努力和机遇都是不稳定且难以控制的，而能力和任务难度相对稳定。

4.3.3 韦纳的归因理论

20 世纪 80 年代，随着归因理论的发展，人们开始关注个体的自我特征和信念，认识到社会交往是双向互动的过程，人际行为受他人的知觉和看法影响。韦纳提出了归因模型，强调了社会交往中归因、情感和行为之间的关系。他认为归因不是孤立的，而是影响上一次行为和下一次行为的关键环节。韦纳认为，归因的前因和后果可分为两类：影响归因的因素，以及归因所带来的影响。这两类研究的关注焦点不同，前者关注归因是如何进行的，而后者则关注归因对个体或组织的激励作用和效果。韦纳提出了社会交往中归因→情感→行为之间的联系，提出了归因模型，如图 4-2 所示。

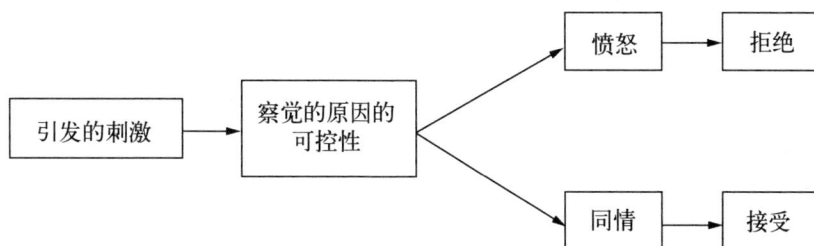

图 4-2　韦纳归因理论

1986 年和 1990 年，韦纳在总结其他归因理论的基础上提出了自己的归因研究模型，如图 4-3 所示。

归因的前因 ——→ 原因知觉 ——→ 原因维度 ——→ 心理后果 ——→ 行为后果

环境因素	能力	稳定性	对成功的期望	对任务的选择
特定的信息	努力			坚持性
社会常模	运气	原因源	自我效能	努力程度
情境特征	任务难度			成绩
	教师	可控性	情感	
个人因素	心境			
因果图式	健康			
归因偏见	疲劳			
先前经验				
个人差异				

归因过程   归因相关过程

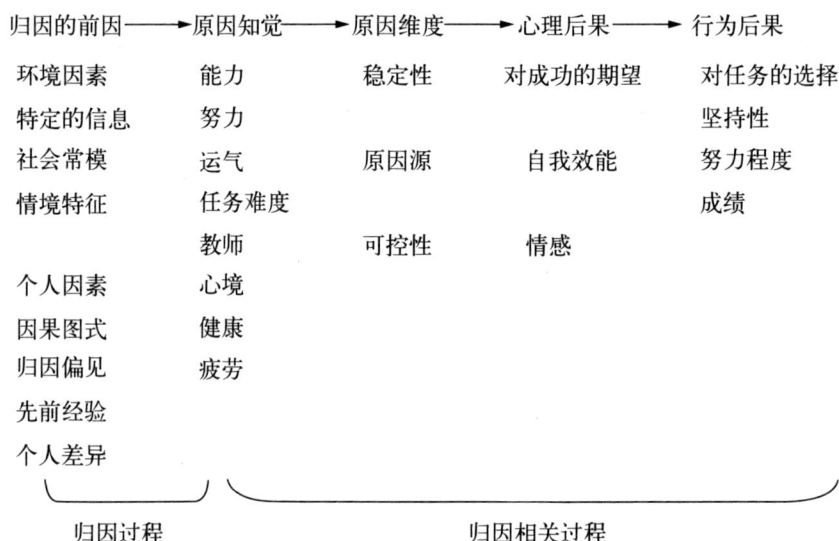

图 4-3　韦纳的归因模型

教育心理学家发现，学生在学习中的归因模式会影响他们的学习动机和行为。当学生将成功归因于自己的努力和能力时，他们更有可能保持积极的学习动机。反之，如果学生将成功归因于运气或他人的帮助，他们的学习动机可能降低。这表明，教育者可以通过引导学生正确的归因方式，来促进他们更积极地面对学习挑战。

在企业管理领域，管理学研究揭示了员工绩效归因对工作动机的影响。他发现，员工将成功归因于自己的努力和能力时，更有可能保持高工作动机；然而，将成功归因于外部因素，如幸运或他人的帮助，可能会降低工作动机。这一发现提示企业管理者，需要关注员工的归因方式，以提高工作绩效。

归因理论作为认知心理学领域的重要理论，为我们理解人类行为提供了有力的工具。海德、韦纳等专家的研究丰富了该理论，将其应用于不同领域，如教育和管理。未来，我们可以进一步探究不同文化背景下归因的差异，深入研究归因在社会交往、组织行为等领域的应用，以促进人类行为的深入理解。

4.4 激励理论

激励理论在行为科学领域中具有重要地位，它涉及了人类需求、动机、目标和行为之间错综复杂的关系。人类的行为是由动机驱使的，而动机可以被激励转化为具体的行动。然而，并非所有的刺激都能产生积极的效果，只有当刺激与特定需求相匹配时，才能引发人们的积极性。激励作为一种关键手段，能够将个体的需求和动机转化为实际行为，从而调动他们的积极性，影响他们的工作表现和工作满意度。

4.4.1 双因素理论

双因素理论由美国行为科学家弗雷德里克·赫茨伯格于 20 世纪 50—60 年代提出。该理论将影响人行为的因素划分为激励因素和保健因素。激励因素是那些能够引发积极行为、态度和激励作用的因素，例如成就、赏识、承担挑战性工作以及成长和发展机会。而保健因素则是那些在消除不满意、稳定工作环境方面起作用的因素，包括人事政策、社会福利、人际关系等。激励因素和保健因素在人的工作动机和满意度方面有着不同的作用。

赫茨伯格强调，传统的激励方式如工资激励、人际关系改善、良好的工作条件等并不能产生持久的积极性，它们最多只能消除不满意，而不能激发内在的动机。实际上，只有通过个人的努力和成就来获取的奖励，才具有真正的激励作用。因此，寻找适当的激励因素是实现优秀工作表现和积极性的基础。

在实际工作环境中，如果一个公司仅仅通过职位的晋升来激励员工，而不注重他们的实际工作成就和贡献，那么这种晋升很可能只起到保健因素的作用，不能持续地激发员工的积极性。相反，如果公司建立了基于实际绩效的晋升机制，使员工的努力和成就得到公正评价和适当的回报，那么这将成为强有力的激励因素，激发员工在工作中更积极地投入。

4.4.2 期望理论

期望理论是由美国心理学家维克多·弗鲁姆于 1964 年提出的。该理论关注个体在决定投入多少努力时的心理过程，主要包括尝试努力是否能够带来良好绩效、绩效与奖励之间的联系以及奖励对个体的价值评价。这三个因素共同影响个体的工作动机和努力程度。

期望理论通过如下公式表示：$M = \Sigma(V \times E)$，其中 M 表示激励力量，V 表示目标绩效的价值，E 表示期望值。这个公式表达了一个人的激励程度是他对目标价值的认知和对实现目标可能性的判断的乘积。换句话说，一个人越是相信自己能够通过努力实现目标，并且相信目标的价值高，他的工作动机就会越强。

然而，期望理论并不仅仅关注个体内部的动机因素，还引入了认知变量，帮助我们深入理解动机激发的复杂机制。这一理论对于设计激励机制、合理设定绩效考核标准以及调动员工积极性具有重要指导意义。

例如，一家销售公司通过建立明确的销售目标和与绩效挂钩的奖励制度，实施了期望理论的激励机制。他们为销售人员设定了具体的销售目标，同时明确了目标的奖励。销售人员在认知到自己的努力会直接影响目标的实现，而且达到目标能够获得有价值的奖励后，他们的工作动机明显提升。这种机制使得销售人员更加有动力地参与销售活动，从而取得更好的销售绩效。

4.4.3 目标一致理论

目标一致理论是由日本学者中松义郎在他的著作《人际关系方程式——用公式开拓你的人生》中提出的。该理论强调个体和群体之间目标的一致性对于个体能力的发挥和群体整体效能的提升具有至关重要的作用。当个体的目标与群体的目标一致时，个体的能力得到充分发挥，整体工作效率最大化。

在目标一致理论中，中松义郎提出了一个公式来表示个体能力的发挥程度：F 表示一个人实际发挥出的能力，F_{max} 表示一个人潜在的最大能力，θ 表示个人目标与组织目标之间的夹角。可用公式表示三者之间的关系：$F = F_{max} \times \cos\theta$（$0° \leqslant \theta \leqslant 90°$）。

当个人目标与组织目标完全一致时，$\theta = 0°$，$\cos\theta = 1$，$F = F_{max}$，个人潜能得到充分发挥。

当两者不一致时，$\theta \geqslant 0°$，$\cos\theta < 1$，$F < F_{max}$，个人的潜能受到抑制。

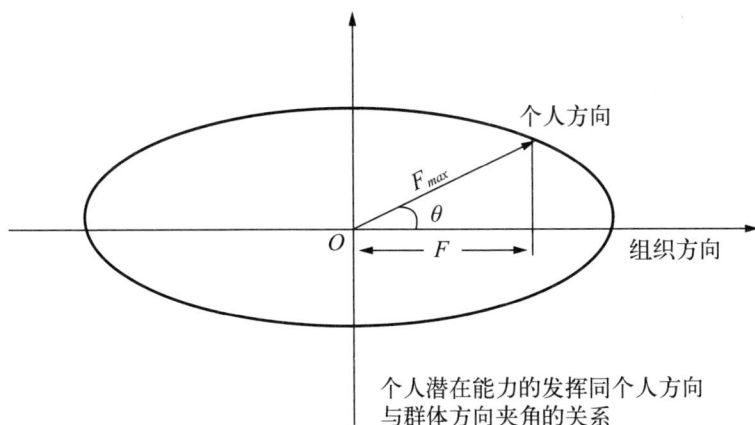

个人潜在能力的发挥同个人方向
与群体方向夹角的关系

图4-4　组织目标与个人目标之间的关系

　　涉及团队合作的一个明显的事实是：如果一个团队成员的个人目标和团队目标一致，他将会全力以赴，发挥出自己的最大能力，从而为团队的整体绩效作出积极贡献。然而，如果个人的目标与团队的目标存在冲突，他可能会受到夹角的影响，导致无法充分发挥个人能力，甚至产生不利于团队的情况。

　　激励理论为我们理解人类行为动机和行为选择提供了深刻的洞察。双因素理论强调在激励过程中应关注激励因素和保健因素的平衡，注重通过个人的努力和成就来实现持久的激励。期望理论则突出了目标的价值认知和实现可能性对动机的影响，为设计激励机制和绩效管理提供了科学依据。目标一致理论则强调个体与群体目标的协调，为团队协作和组织效能的提升提供了理论支持。

　　在实际应用中，组织应当根据不同情境和个体特点综合运用这些激励理论，设计合理的激励机制和激励政策。例如，在员工晋升机制中，可以结合双因素理论，确保晋升过程既关注实际的工作成就，又注重维护员工满意度。在设定销售目标和奖励制度时，可以运用期望理论，使员工相信通过努力能够实现目标，并得到有价值的回报。在团队合作中，可以考虑目标一致理论，确保个体的目标与团队目标保持一致，从而最大化整体绩效。

综上所述，激励理论不仅是行为科学领域的重要理论，也在组织管理和人力资源开发中具有重要应用价值。通过深入理解和应用这些理论，组织可以更有效地调动员工的积极性，提升工作绩效和满意度，实现个体与组织共同的发展目标。

4.5 目标设置理论

目标设置是管理学中的一个重要理论和实践领域，它关注了目标如何影响个体的绩效和动机，以及如何通过有效的目标管理策略来提升个体和组织的绩效。本部分将进一步深入探讨目标设置的影响机制、效果、目标管理策略、局限性和注意事项，以及其在实际管理中的应用。

4.5.1 目标设置的影响机制

目标设置对个体绩效和动机产生影响的机制可以从内部动机、外部动机和组织文化三个层面来理解。

1. 内部动机

内部动机是指个体内部驱动力量，通过追求满足基本的心理需求来激发动机。目标设置通过激发内部动机影响绩效。例如，一个具有成就动机的员工，当被分配一个有挑战性的目标时，会因为渴望取得成功而投入更多的努力。这种内部动机的驱动可以使个体在实现目标的过程中体验到成就感和满足感，从而提高绩效。

2. 外部动机

外部动机是指个体受外部激励因素影响而产生的动机。目标设置可以通过外部激励因素，如奖励和惩罚，影响个体的绩效。例如，如果一个员工知道实现目标后会得到丰厚的奖金，他可能会更加努力地工作以达到目标。然而，外部动机的效果可能在奖励消失后逐渐减弱，因此内部动机对于长期绩效的影响更为关键。

3. 组织文化

组织文化也是影响个体绩效的重要因素。如果组织鼓励目标导向的文化，个体可能会更加关注绩效目标的设定和达成。例如，在一个重视创新和高绩效的企业文化中，个体可能会受到同事的榜样影响，倾向于追求更高的绩效目标。因此，组织文化可以调整个体的目标选择和绩效期望。

4.5.2 目标设置的影响

目标设置通过直接影响和间接影响两种方式影响个体绩效。

1. 直接影响

直接影响是指个体为实现目标而努力。这种机制中，个体会主动采取行动，投入更多的精力和时间，采取积极主动的策略，以更好地实现目标。例如，如果一个销售人员设定了每月销售额的目标，他可能会更加积极地寻找销售机会，与客户互动并促成交易，从而实现目标并获得奖励。

2. 间接影响

目标设置还通过激发内部动机影响绩效。个体为实现目标，会根据需要采取不同的行为策略。如果目标被个体所内化，即成为其自身目标，个体会在绩效提高方面表现出较高的动机。目标对个体行为的影响通过动机产生作用。个体为实现目标所采取的行为和策略对绩效产生影响。例如，一个研发团队成员如果将项目完成日期作为自身的目标，他可能会更加努力，投入更多时间来确保项目按时完成，从而提高团队的绩效。

4.5.3 目标设置的效果

目标设置可以产生不同的效果，取决于目标难度和目标承诺的匹配程度。

1. 难度效应

适度难度的目标能够提高个体的动机和绩效。这种效应被称为"难度效应"。目标难度越高，个体通常会更加努力地工作，以克服困难并实现目标。例如，一个运动员如果设定了一个稍微超出他现有能力的训练目标，他可能会付出额外的努力来提升自己的表现。

2. 负向效果

然而，目标难度过高或过低，都可能引起负向效果。难度过高会导致动机不足，个体可能会感到无能为力，产生消极情绪。这可能会导致拖延、焦虑和情绪疲劳，从而影响绩效。相反，难度过低则会使个体缺乏挑战感，产生漠不关心的态度，降低工作绩效。

4.5.4 目标管理策略

为了有效地利用目标设置来提升绩效，管理者可以采取一系列的目标管理策略：

1. 确定目标的特性

具体明确：目标应该明确具体，避免过于模糊的表述，以防止产生误解和动机不足。

可衡量：目标应该能够量化和衡量，以便跟踪进展并评估绩效。

挑战性：目标应该有一定的挑战性，激发个体的努力和投入。

可达性：目标设置时要考虑个体的能力和资源，确保目标是可达的，避免过于不切实际的目标设定。

2. 参与目标制定

参与感：让个体参与目标的制定，可以提高目标的认同感和承诺度，从而增强动力。

3. 定期反馈和跟进

反馈机制：提供定期的反馈，告知个体目标完成情况，帮助其调整行动策略。

正向强化：对于达到或超越目标的个体给予积极的正向强化，如奖励和认可。

4. 灵活性

目标调整：根据实际情况，随时对目标进行调整和修正，以适应环境的变化。

5. 平衡短期和长期目标

短期激励：设置一些短期目标来激励个体，同时也要考虑长期目标，以避免为了短期绩效牺牲了长远发展。

4.5.5 目标设置的局限性和注意事项

尽管目标设置在激发个体绩效和动机方面具有重要作用，但我们也需要认识到其中存在一些局限性和需要特别注意的事项。

过度关注量化目标：过分专注于量化目标可能会忽视一些难以用数字衡量的但同样重要的绩效因素，例如创新能力、团队合作和领导力等。这些因素在实现组织的长期成功和可持续发展方面发挥着关键作用，应该得到足够的重视和奖励。

目标之间的冲突：如果个体被要求追求互相冲突的目标，可能会导致动机的分散和绩效的下降。因此，目标的制定应该确保它们之间的协调性和一致性，以避免造成混乱和不明确的情况。

忽视非绩效动机：个体的动机和绩效受多种因素的影响，不仅仅是目标的设定。内在兴趣、职业发展、工作满意度以及个人价值观等也在塑造个体的行为和表现。因此，在激励策略中，我们需要综合考虑这些非绩效动机因素，以更全面地理解和激发个体的动力。

心理压力：设定过高的目标压力可能导致个体感到焦虑、压力过大，甚至对其健康和幸福感造成负面影响。在目标制定过程中，应该谨慎考虑个体的负荷能力，确保目标既具有挑战性又不会对其造成不必要的压力。这将有助于维持个体的长期动机和绩效水平。

因此，在利用目标激励个体时，我们需要在明智设定目标的同时，注意以上提到的这些局限性和潜在的风险，以确保激励策略的有效性和可持续性。

4.5.6 目标设置在实际管理中的应用

在实际管理中，目标设置理论被广泛应用于各种领域，如组织管理、项目管理、个人职业规划等。这一理论的多方面应用不仅有助于明确方向，提高效率，还能够促进绩效的提升。

在绩效管理领域，目标设置发挥了重要作用。通过制定明确的绩效目标，管理者可以帮助员工更好地理解期望，激发工作动力，从而提高工作表现。这不仅有助于员工明确自己在组织中的角色，还能够为他们提供一个衡量自己绩效的标准。

在项目管理方面，明确定义项目目标和里程碑对于项目的成功至关重要。通过清晰地定义项目目标，团队成员可以更好地理解任务，协调合作，确保项目按时高质量完成。项目管理中的目标设置有助于规划项目进程，提前发现问题，减少风险。

在个人职业规划方面，个体可以利用目标设置来引导自己的职业发展。通过设定短期和长期的职业目标，个人能够更好地规划自己的学习和努力，实现个人职业规划。这有助于个人更好地了解自己的职业方向，提高职业满意度。

在团队合作方面，共同制定明确的团队目标有助于激发团队成员的合作和协调。这有助于确保团队朝着共同的目标努力，最大化整体绩效。团队成员可以共同努力，互相支持，以实现团队的成功。

此外，在自我管理领域，个人也可以将目标设置应用于自我管理。制定个人目标来改进生活方式、健康状况等方面。这种自我管理有助于个人更好地掌控自己的生活，提高生活质量。

总之，目标设置理论在管理学中具有广泛的应用前景。通过影响个体的内部动机、外部动机和组织文化，目标设置可以对个体绩效产生重要影响。管理者可以通过明确目标特性、参与目标制定、提供定期反馈和跟进等策略，有效地应用目标设置来提升绩效。然而，也需要注意目标设置的局限性和注意事项，避免盲目追求量化目标，忽视非绩效动机，以及造成过度的心理压力。目标设置理论的综合应用有助于实现更高效的管理和更出色的绩效。

第5章 高校科研团队绩效考评理论

在高校科研团队的运行与发展过程中，绩效考评是一项至关重要的管理实践。通过科学合理的绩效考评，可以评价团队的工作成果、成员的贡献以及团队的整体表现，从而为团队的持续发展提供有效的指导和反馈。本章将探讨绩效考评的概念和特点，为高校科研团队的绩效管理提供理论支持。

5.1 绩效考评的概念和特点

5.1.1 绩效考评的概念

绩效考评是一种通过对个体、团队或组织的工作表现和成果进行评估，以便衡量其工作质量、达成目标的程度以及对整体目标的贡献。著名管理学家彼得·德鲁克曾强调："你不能管理你不测量的东西。"绩效考评为高校科研团队提供了一种量化和科学的手段，用以评价其在科研领域的实际表现。

5.1.2 绩效考评的特点

绩效考评在高校科研团队管理中具有以下几个特点：

1. 客观性和量化性

绩效考评强调客观的、可量化的指标来衡量工作成果，避免主观性和随意性。例如，可以通过 SCI/SSCI 论文发表数量、科研项目获得的经费、专利申请数量等指标来评价科研团队的绩效。

2. 多维性

绩效考评通常不仅关注单一指标，而是涵盖多个维度。这可以包括科研成果、创新能力、团队协作、学术影响力等多个方面，以全面了解团队的表现。

3. 周期性

绩效考评是一个持续进行的过程，通常会按照一定的时间周期进行，如每年、每半年或每季度。这有助于及时发现问题，进行调整和改进。

4. 目标导向

绩效考评需要明确的目标和指标体系，围绕这些目标进行评估。这可以帮助团队成员明确工作方向，激发积极性。

5. 奖惩机制

绩效考评结果往往会影响到个体或团队的奖励和晋升。优秀绩效可能会带来更多的资源和机会，而差劣绩效可能会受到限制和调整。

6. 反馈与改进

绩效考评不仅是一种评价，更是一种反馈和改进的机会。通过评估结果，可以识别出团队的优势和不足，为未来的发展提供指导。

绩效考评的概念和特点得到了许多专家学者的支持和关注。管理学家彼得·德鲁克强调绩效考评的重要性，认为它是管理过程中不可或缺的一环。

在实际应用中，世界各地的高校和研究机构都在不断探索和完善绩效考评体系。例如，美国国家科学基金会（NSF）通过对科研项目的绩效考评，鼓励创新和优质的科学研究。中国的高校，如清华大学、北京大学等，也积极探索科研团队的绩效考评方法，为团队的发展提供指导。

在高校科研团队绩效考评理论的探索中，专家教授们的观点和贡献不可忽视。他们的研究和实践为高校科研团队提供了更为科学和有效的绩效管理方法，为科学研究的创新和进步提供了坚实的支撑。

5.2 绩效考评的内容

绩效考评的内容涉及解决何种因素需要进行考评。在这一问题上，我国行政事业单位常使用"德""能""勤""绩"等关键词进行考评，管理层的考评还会加入"廉"的要素。绩效考评的内容主要涵盖工作态度、工作能力、工作业绩以及工作环境等内外部条件。

在高校科研团队中，绩效考评是评价团队成员工作表现的重要手段。绩效考评内容涵盖了多个维度，旨在全面了解团队成员的工作态度、工作能力、工作业绩以及工作环境的影响。这些内容的综合评估不仅可以为团队成员提供正向激励，也能够指导团队的发展方向。

5.2.1 绩效考评基本内容

1. 工作态度

工作态度是团队成员在科研过程中展现的积极性、责任感和合作精神。著名心理学家亚伯拉罕·马斯洛认为，满足人的成就需求和归属需求有助于形塑积极的工作态度。团队成员是否对科研工作充满热情，是否愿意主动承担责任，以及是否能够与团队其他成员和谐合作，都会影响到整体团队的效率和氛围。

2. 工作能力

工作能力是指团队成员在科研领域内的专业知识、研究方法和技能。这涉及团队成员是否具备深入的领域知识，是否能够独立设计并完成研究项目，以及是否能够创新地解决科研难题。科学家阿尔伯特·爱因斯坦曾强调："知识是无限的，我们的知识只是沙漠中的一小片。"在高校科研团队中，成员的不断学习和提升工作能力至关重要。

3. 工作业绩

工作业绩是衡量团队成员科研成果的重要标准。这包括发表的论文数量、质量、专利申请、科研项目获得的经费等。团队成员的工作业绩直接关系到团队的学术声誉和影响力。

4. 工作环境

工作环境是团队成员开展科研工作的物质和精神基础。一个良好的工作环境可以激发团队成员的积极性和创造力，促进工作态度、工作能力和工作业绩的提升。

5.2.2 绩效考评内容之间的关系

在绩效考评的内容中，各要素之间存在着紧密的联系和相互影响。工作态度、工作能力和工作业绩这三个要素之间相互依存，相辅相成。一个团队成员拥有积极的工作态度，往往会更加投入地提升自身的工作能力，以取得更加卓越的工作业绩。工作态度是推动工作能力和工作业绩的内在动力，鼓励个体持续进步与成长。

工作态度的积极性和工作能力的提升直接影响到工作业绩的表现。具备出色工作态度的个体，更有可能在工作中投入更多的努力和精力，从而创造出更杰出的工作业绩。而高水平的工作能力则是实现优异工作业绩的关键，它为个体提供了充分的能力支持，使其能够更好地应对各种工作挑战，完成任务。

另外，工作环境也在绩效考评内容之间扮演重要角色。一个积极、健康的工作环境能够激发员工的创造力和积极性，从而提升其工作态度和工作能力。良好的工作环境创造了有利于个体发展的条件，有助于团队成员更好地发挥出自身的潜力，取得优异的工作业绩。因此，工作环境对于整体绩效的影响不容忽视。

综上所述，工作态度、工作能力、工作业绩以及工作环境之间存在着相互促进和影响的关系。一个均衡、协调的绩效考评体系应当同时重视这些要素，以确保团队成员在各方面得到全面发展和提升。它们的内在逻辑关系如图5-1所示。

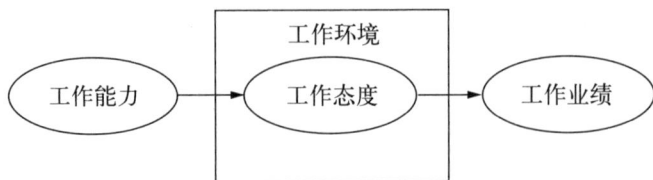

图5-1 工作态度、工作能力、工作业绩和工作环境之间的关系

5.2.3 绩效考评内容的作用

在绩效考评中，工作态度、工作能力、工作业绩和工作环境四者是相互联系的统一体。它们在绩效考评中的作用如图 5-2 所示。

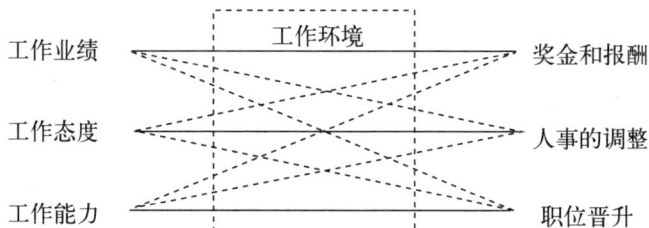

图 5-2　工作态度、工作能力、工作业绩和工作环境在绩效中的作用

1. 工作态度决定去留

积极的工作态度在高校科研团队中具有重要意义。拥有良好工作态度的团队成员能够更好地融入团队，协同合作，共同追求科研目标。积极的工作态度不仅能提升工作效率，还能够传递正能量，促进团队的和谐氛围。团队领导者常常会将成员的工作态度作为是否留用的重要考量因素之一，以确保团队的整体凝聚力和协作效率。

2. 工作能力决定晋升

在高校科研团队中，工作能力是成员职业发展的关键。拥有深厚的领域知识和创新能力的成员更容易获得晋升机会，从而在团队中承担更多的责任和角色。工作能力是组织中的核心竞争力之一，具备高度工作能力的个体有能力推动团队取得更大的成就。科研团队通常面临复杂多变的问题，而具备出色工作能力的成员能够更好地应对挑战，为团队的科研成果贡献重要力量。

3. 工作业绩决定收入

高水平的工作业绩对于科研团队成员来说至关重要。成员的工作业绩不仅是获得研究经费和奖励的重要依据，还体现了他们在科研领域的贡献和影响力。经济学家亚当·斯密认为，优秀的工作业绩可以为个体创造更多的价值，从而获得更多的回报。高水平的科研成果不仅能够提升团队的声誉，还能为成员带来更多的资源支持和薪酬回报。

4. 工作环境影响工作态度、工作能力和工作业绩

工作环境在绩效表现中扮演着关键角色。一个积极、健康的工作环境能够激发团队成员的创造力和积极性，从而提升其工作态度、工作能力和工作业绩。教育家肯·罗宾森认为，适宜的工作环境可以激发人们的创新潜能，从而推动团队成员在科研领域取得更出色的表现。同时，一个良好的工作环境也能够吸引更多的优秀人才加入团队，进一步提升团队的整体素质。

在高校科研团队中，绩效考评内容的综合评估和合理权衡对于团队的持续发展至关重要。团队领导者和管理者需要充分理解不同绩效要素之间的关系，通过科学的考评体系，为团队成员提供明确的目标和发展方向。此外，针对不同成员的优势和不足，团队也应当提供个性化的发展支持和激励机制，共同推动团队的成长和发展。绩效考评内容之间的紧密联系，将有助于确保团队的整体绩效达到更高水平，为科研领域的发展作出积极贡献。

5.3 绩效考评系统

绩效考评是科研团队管理的重要环节，旨在全面评估团队成员在工作态度、工作能力、工作业绩和工作环境等方面的表现，为团队的发展提供有力支持。绩效考评系统的建立能够有效促进团队成员的个人成长和整体绩效提升。在构建高校科研团队的过程中，设计和实施合适的绩效考评系统具有重要意义。

5.3.1 绩效考评目标

绩效考评的目标不仅仅局限于对个体的评价，更是为了推动团队整体的卓越表现。著名教育家肯·罗宾森强调，绩效考评应当激发团队成员的创造力和合作精神，使团队能够以更高效的方式共同追求卓越。在这一背景下，绩效考评的目标应当体现出以下几个方面：

1. 确定优势和不足

绩效考评的目标之一是帮助团队成员识别自己的优势和不足之处。著名

教育学家约翰·杜威认为，对个体的绩效评价应当注重个体的成长和发展，而不仅仅是简单地排名。绩效考评系统应当为团队成员提供全面的反馈，帮助他们更好地认识自己的潜力和改进方向。

2. 促进个体发展

绩效考评的目标还包括促进个体的职业发展。绩效考评应当为个体的职业规划提供有益的指导，通过分析个体的绩效，团队可以为成员制订个性化的发展计划，帮助他们提升能力，实现职业目标。

3. 优化资源配置

绩效考评不仅对个体的发展有益，也有助于团队的整体绩效优化。有效的绩效考评系统可以帮助团队更好地配置资源，将优秀的成员用在最有价值的地方，从而实现整体绩效的最大化。

4. 传递价值观

绩效考评的目标还包括传递团队的价值观和文化。著名心理学家艾伯特·班德拉指出，绩效考评不仅仅是对技能和业绩的评价，更是对团队成员在团队文化中的融合程度的评价。通过考评内容的选择和权重设置，团队可以传递出对于团队精神、协作和创新的重视。

5. 激发创新和协作

教育学家肯·罗宾森认为，绩效考评应当鼓励创新和协作，而不是削弱团队成员的积极性。因此，绩效考评的目标之一是激发团队成员的创新潜能和协作动力，使团队能够更具竞争力和活力。

在高校科研团队中，绩效考评系统应当以以上目标为导向，设计评价指标和评价标准，确保其能够兼顾个体的发展和团队的整体绩效提升。通过明确的目标设定，绩效考评系统能够为团队成员提供更多的发展机会和激励，促进团队的不断成长和创新。

5.3.2 绩效考评对象

绩效考评对象的确定涉及不同层级的成员，他们在团队中承担着不同的角色和职责。在高校科研团队中，绩效考评对象通常涵盖以下几个方面：

1. 教师

教师是高校科研团队中的核心成员之一，他们不仅承担着科研任务，还需要进行教学工作。教师的绩效评价应当综合考虑其科研成果、教学质量以及对学生的影响。例如，教学效果和学术影响力可以作为评价教师绩效的重要指标。

2. 研究人员

研究人员是高校科研团队中主要的科研骨干，他们的绩效评价应当着重考虑科研成果和创新能力。研究人员的绩效可以通过科研成果的数量和质量、创新能力的发挥等指标来衡量。例如，发表在高水平期刊上的论文和申请的专利可以作为评价研究人员绩效的重要依据。

3. 技术人员

技术人员在高校科研团队中发挥着重要的支持作用，他们的绩效评价应当关注技术服务的质量和效率。技术人员的绩效可以通过项目的完成情况、技术服务的满意度等指标来衡量。例如，技术支持的及时性和解决问题的能力可以作为评价技术人员绩效的重要标准。

4. 管理人员

管理人员在高校科研团队中负责协调和管理工作，他们的绩效评价应当注重团队整体绩效和成员的发展。管理人员的绩效可以通过团队的绩效和成员的成长来衡量。例如，团队的科研成果和合作效率可以作为评价管理人员绩效的重要依据。

通过针对不同绩效考评对象的特点和职责，设计相应的考评指标和评价体系，能够更准确地衡量各个层级成员的贡献和表现，从而更好地促进团队的整体绩效提升。

5.3.3 绩效考评主体

考评主体，即考评者，指的是对考评对象进行评价的个体或群体。考评主体的选择直接关系到绩效考评结果的可信度和有效性。由于工作岗位的复杂性，仅仅依靠单一个体的观察和评价难以全面准确地评估考评对象的绩效，就像工作标准多种多样一样，绩效考评的参与者也是多元的。如图5-3所示，绩效考评的参与者通常包括以下几个方面：

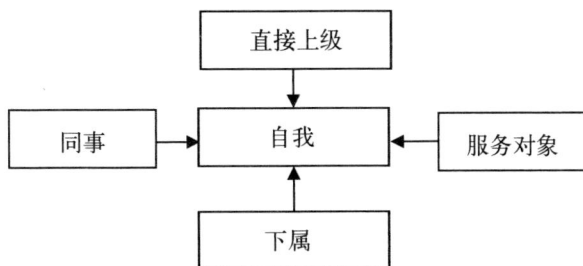

图 5-3　绩效考评主体

一个有效的考评主体应当具备以下条件：首先，要熟悉考评对象的工作表现，了解其在工作中的表现情况。其次，要了解考评对象的工作内容和工作性质，以便能够在评价中考虑工作的特点。此外，有效的考评主体还应具备将观察到的情况转化为有用的评价信息的能力，以及能够在评价过程中保持公正和客观的态度，确保提供准确的考评结果。

表5-1　绩效考评主体的优缺点对比表

考评主体	优点	缺点
直接上级	了解工作任务和职责，能提供具体反馈	可能过于偏向工作任务，忽略个人发展
同事	提供多角度的观察，综合性评价	可能缺乏全面了解，过于主观
小组	深入了解合作情况，准确评价	仅适用于团队合作方面
自我	了解自身表现，有反思意义	可能自我评价偏向乐观
下属	提供领导者的影响评价，客观	仅适用于管理岗位
其他服务对象	反映不同角度的影响，综合性	视角可能受限于特定领域

综合考虑不同考评主体的优势和限制，绩效考评应当结合多个主体的评价结果，以获得更全面、准确的绩效评价。这有助于减少主观偏见，提供更客观公正的绩效反馈，从而推动团队的发展和成长。

1. 上级考评

上级考评是通过员工的直接领导者对其工作表现进行评价。在高校科研团队中，上级考评通常通过定期的绩效评估会议或一对一面谈进行。领导者可以根据员工在项目进展、创新能力、合作态度等方面的表现进行评价。这种方法的优势在于领导者对员工的工作表现有较深的了解，能够提供实际价值的评价。此外，建立领导者与员工之间更紧密的沟通和反馈渠道，有助于员工职业发展规划。

然而，上级考评也存在一些劣势。首先，领导者的主观偏见可能影响评价的公正性，导致评价结果不够客观。例如，领导者可能对某些员工有更好的印象，从而产生不公平的评价结果，这可能影响到员工的职业发展机会。其次，领导者的时间有限，难以对每位员工的工作表现进行详尽评价。这可能导致评价结果不够全面，无法充分体现员工的全部贡献和努力。

综合来看，上级考评在高校科研团队中具有一定的优势，但也需要注意避免主观偏见和评价不全面的问题。为了更好地实现绩效考评的公正性和准确性，可以结合其他考评方法，综合考虑多方面的评价结果，从而更好地优化团队的绩效管理和发展。

2. 同事考评

同事考评是一种通过团队成员相互匿名评价的方式来进行绩效考评。在高校科研团队中，同事考评通常通过360度反馈工具实现。这种方法的优势在于可以提供多个视角的评价，减少了单一观点的偏见。同事们可以根据彼此在协作、沟通、团队合作等方面的表现，为绩效考评提供更全面的信息。

然而，同事考评也存在一些劣势。首先，团队内部的人际关系和情感可能影响评价的客观性，评价结果可能受到某些人际关系的影响。例如，一些成员可能过于苛刻或过于宽容，影响评价结果的准确性。其次，匿名评价可能导致责任的逃避，一些评价者可能不愿意公开提供真实的评价意见。

综合来看，同事考评在高校科研团队中具有多视角的优势，有助于揭示员工在团队合作中的表现。然而，需要注意评价结果可能受到人际关系和匿名评价的影响。为了确保评价的公正性和准确性，可以结合其他考评方法，综合权衡多个视角的评价结果，从而更好地优化团队的绩效管理和发展。

3. 下级考评

下级考评是一种让员工的下属对其领导者进行评价的方法。在高校科研团队中，下级考评可以通过匿名问卷或面对面的交流来实现。这种方法的优势在于可以帮助领导者了解员工对其领导方式的满意度和期望，促使领导者进行自我反思和改进。下级评价也有助于建立开放的反馈文化，增强团队成员的参与感。

然而，下级考评也存在一些劣势。首先，员工可能害怕报复或不敢表达真实看法，评价结果可能不够真实客观。领导者的权威地位可能影响员工对其进行评价的坦诚程度。其次，领导者可能会将下级考评视为负面反馈，影响员工的工作积极性。而且，领导者可能倾向于忽视一些不符合自身期望的评价，降低了评价结果的准确性。

综合来看，下级考评在高校科研团队中有助于建立开放的反馈机制和改进文化。但要注意员工可能的担忧和领导者的自我保护心态。为了克服这些问题，可以保障评价的匿名性，并建立积极的反馈和改进机制，从而更好地促进团队的领导力发展和绩效提升。

4. 服务对象考评

服务对象考评是一种通过获取服务对象的反馈来评价团队成员绩效的方法。在高校科研团队中，服务对象可以是学生、合作伙伴、资助机构等。这种方法的优势在于可以直接了解团队在外部环境中的影响和价值，以及团队成员在服务对象心目中的形象。

服务对象的反馈对于提升科研成果的应用和影响力至关重要。它能够揭示团队是否满足了外部利益相关者的期望，以及团队的成果是否对实际问题产生了积极的影响。服务对象考评有助于团队更好地适应外部需求，增强团队的社会责任感。

然而，服务对象考评也存在一些劣势。首先，服务对象的反馈可能受到主观偏见和情感影响，评价结果需要综合考虑。其次，不同服务对象的需求和期望可能不同，如何平衡各方的意见可能具有挑战性。此外，一些服务对象可能不愿意提供真实的反馈，或者反馈可能受到服务对象与团队成员关系的影响。

综合来看，服务对象考评在高校科研团队中有助于增强团队的社会影响力和可持续发展。然而，要注意考虑服务对象的多样性和反馈的客观性，可以结合其他考评方法一起使用，以确保综合评价的全面性和准确性。

5. 小组考评

小组考评是一种通过团队成员之间的讨论和互评来评价个体绩效的方法。在高校科研团队中，小组考评可以帮助团队成员了解整个团队的协作和贡献。这种方法的优势在于能够从多个角度评价个体的工作表现，促进团队内部的合作和互动。

小组考评有助于发现问题和改进空间，推动团队的整体提升。通过集体讨论，团队成员可以共同发现团队的强项和薄弱点，从而制订改进计划。此外，小组考评也能够激发团队成员的积极性和创新意识，促使团队在协作中更加高效和有成效。

然而，小组考评也存在一些劣势。首先，小组成员可能存在亲疏关系，评价可能受到个人情感的影响，评价结果可能不够客观。其次，团队内部的角色和贡献可能存在不均衡，部分成员的评价可能被高估或低估。另外，小组成员可能会在评价中保持沉默，导致一些问题无法被真实反映。

综合来看，小组考评在高校科研团队中有助于促进合作和改进，发挥团队的协同效应。然而，要注意评价的客观性和全面性，避免受到个人情感和团队内部动态的干扰。可以将小组考评与其他考评方法结合使用，以达到更全面准确的评价效果。

6. 自我考评

自我考评是员工对自己工作表现的自我评价。在高校科研团队中，自我考评可以通过自我评价表或反思报告来实现。这种方法的优势在于能够促使员工主动关注自己的职业发展和提升，帮助他们反思自己的工作表现，发现自己的优势和改进的空间。

自我考评能够促使员工进行自我反思，从而更好地了解自己的工作表现和发展需求，可以激励员工积极主动地寻求职业发展和提升机会。这种方法可以帮助员工更好地规划自己的职业道路，发现并发挥自己的潜力。

然而，自我评价也存在一些劣势。首先，自我评价可能受到个人自我认知和自我形象的影响，评价结果可能存在一定的主观偏见。有些员工可能过于自信，而另一些员工可能过于自责，影响评价的准确性。其次，自我评价可能受到员工对组织的期望和外部压力的影响，导致评价结果不够真实客观。

综合来看，自我考评在高校科研团队中有助于员工的职业发展和自我提升。然而，要注意评价的客观性和真实性，避免受到个人主观情感和外部压力的影响。可以将自我考评与其他考评方法结合使用，以获得更全面准确的评价结果。

5.3.4 绩效考评指标

绩效考评指标是科研团队中衡量成员工作表现的核心标准。在高校科研团队中，绩效考评指标是对成员工作进行量化和评价的关键手段，有助于准确判断个体的工作贡献、潜力以及对团队目标的贡献。

绩效考评指标的构成要素包括工作态度、工作能力、工作业绩等多个维度。工作态度涉及成员对工作的投入和态度，工作能力关注成员的专业知识和技能，工作业绩涵盖成员在项目实施和科研成果方面的表现。指标要多样化，以确保绩效评价能够真实地反映出成员在不同方面的工作表现。

考评指标应当具备客观性、可衡量性、相关性和可比性。客观性意味着指标必须建立在客观数据和事实上，避免主观评价的影响。可衡量性要求指标能够被量化和测量，确保评价的准确性。相关性要求指标与团队目标和个体职责密切相关，避免无关指标的干扰。可比性要求指标能够在不同时间和背景下进行比较，以便进行合理的评价。

在设计绩效考评指标时，需要遵循以下原则：

全面性原则：指标应该全面地覆盖员工在工作中的各个方面。这样可以确保绩效评价不仅仅关注某一方面的表现，而是更准确地反映员工的整体能力和贡献。

权衡性原则：在考评指标的选择和设计中，应该平衡不同指标之间的权重。过于强调某一方面可能会导致其他方面被忽视，从而影响绩效评价的公正性。

可操作性原则：著名管理学家杰克·韦尔奇指出，指标的设计应该简单明了，能够被员工理解和操作。过于复杂的指标可能会降低员工的工作动力，影响绩效的准确评估。

反馈性原则：教育学家约翰·汤普森认为，绩效考评指标的结果应该能够为员工提供有益的反馈，帮助他们识别自身的优势和改进的空间。这样可以激发员工的积极性和自我提升的动力。

为确保绩效指标的实际效用以及在考评过程中的可行性，绩效指标的设计必须遵循以下核心原则：

精细而有限的原则：绩效指标的选择应着眼于精确评估员工的工作表现，而非盲目追求数量。虽然多样的指标可以使考评更全面，但过多的指标可能导致考评难度增加，评价过于烦琐。

清晰而明确的原则：绩效指标必须明确具体，能够被清晰地定义和度量。模糊的指标难以操作，也难以准确衡量员工的表现。

敏锐而有区分度的原则：绩效指标应具备足够的敏感性，能够有效区分不同员工之间的表现差异。只有这样，绩效评价才能准确地反映出员工的实际能力和贡献。

关键而不泛泛的原则：在绩效指标的设计中，关键指标的选择至关重要。绩效指标应该关注对团队和个人最重要的方面，而不是过于泛泛地涵盖各个方向。

综合考虑这些原则，确定适当的绩效指标有助于确保评价的准确性和可行性。绩效指标的设计需要充分结合组织的战略目标和员工的职责，以实现最佳绩效评估效果。在绩效考评的过程中，这些原则不仅指导着指标的选择，也为团队提供了科学合理的评价依据，从而有效地推动团队的发展与进步。

在确立绩效考评指标时，需要经过以下步骤：

明确目标和需求：首先，团队需要明确考评的目标，以及为何要进行绩效评价。这有助于确立评价的侧重点和指标的选择。

选择合适指标：根据团队的性质和成员的职责，选择能够全面反映工作表现的指标。根据专家大卫·诺顿的观点，指标选择应与团队目标保持一致。

设计具体内容和衡量方式：为每个指标设计具体的内容和衡量方式。例如，在考察工作态度时，可以设置诸如工作积极性、合作态度等子指标。这有助于确保评价的准确性。

测试和实践：在初期，可以对设计好的指标进行测试和实践，以评估其可行性和效果。根据实际情况进行调整和优化，确保指标的有效性。

综合而言，绩效考评指标的设计需要遵循一系列原则和步骤，以确保评价的全面性、公正性和有效性。借鉴专家和教授的观点，团队可以建立合理的指标体系，为团队成员的发展和绩效提升提供有力支持。

5.3.5 绩效考评方法

针对不同的考评目标和考评对象，绩效考评方法呈现出多样性。目前，广泛采用的绩效考评方法包括以下几种：

1. 360 度考评

（1）360 度绩效考评定义

360 度绩效考评，也称为全方位考评，由英特尔公司的爱德华和埃文等于 20 世纪 80 年代提出，随后于 1993 年被美国的《华尔街时报》和《财富》杂志引用，从而开始受到广泛的关注和应用。这一方法涵盖了考评对象的上级、同事、下级以及考评对象本人作为考评者，从多个角度对考评对象进行全方位评价。考评结束后，通过反馈程序将评价结果反馈给考评对象，以达到改变行为、提升绩效等目的。

360度绩效考评可被想象成一个圆圈，考评对象位于圆心，而考评者分布在考评对象四周。如图5-4所示，上级考评位于0度位置，逆时针旋转90度为同级考评，180度为下级考评，270度为顾客考评，而圆心为考评对象自我考评。

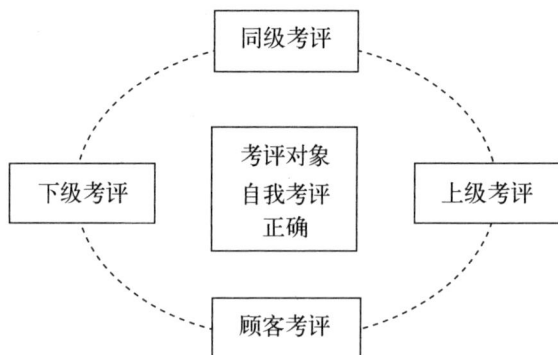

图5-4　360度绩效考评

（2）优点

相较传统的考评方法，360度绩效考评扩大了考评主体的范围和类型，多角度搜集考评信息，全面综合地评价考评对象。它避免了传统考评中的"晕轮效应""居中趋势""偏紧或偏松""个人偏见"以及"考评盲点"等问题。此外，考评对象无法多方面影响评价结果，评价信息更加准确和全面。该方法也有助于准确反映不同考评者对同一考评对象不同的评价结果，避免考评对象仅专注于与津贴或职位晋升紧密相关的绩效指标，从而防止急功近利的行为。最终的全面评价反馈有助于提升考评对象多方面的能力。

（3）缺点

360度绩效考评因涉及多名考评者，耗时长且涉及考评培训工作难度大，实施时需要管理者进行仔细斟酌。首先，它可能带来较高的考评成本，涉及多人对多个同事进行考评，耗时耗力，有形或无形的成本可能超过其带来的价值。另外，某些个体可能会将同事考评用于发泄情感或赠送恩惠，也可能导致考评者培训工作的难度增加。其次，需对所有考评者实施考评制度的培训，这涉及众多人员，难以有效组织。此外，由于其全面性，实际考评过程可能变得烦琐，操作难度较大，也导致其可控性不佳。

（4）应用

实践证明，同一考评主体对同一考评对象的评价在不同目的下可能存在差异；反过来，同一考评对象对同一评价结果也可能产生不同的反应。当360度绩效考评主要用于个体发展时，考评者所作出的评价更可能客观且公正，而考评对象也更愿意接受考评结果。然而，如果360度绩效考评主要用于个体的组织行政管理，为个体职位提升或津贴发放提供依据时，考评者可能会考虑个人利益，评价可能相对不够客观和公正，从而引发考评对象对评价结果的怀疑。因此，当360度绩效考评用于个体的组织行政管理时，评价结果可能不够可靠，甚至不如仅由考评对象的上级进行评价。此外，这也可能导致单位内人际关系紧张局势的产生。

2. MBO考评

MBO法，又称目标管理法，最早由著名管理学家彼得·德鲁克博士于1954年在他的著作《管理的实践》中提出。其核心思想在于上下级共同讨论和制定下级在一定考评周期内需要达到的绩效目标，然后在考评周期结束时，双方对照初始目标来评价实际绩效，分析工作成就和不足之处，接着制定下一个周期的绩效目标，形成持续循环。目标管理法的逻辑框架如图5-5所示。

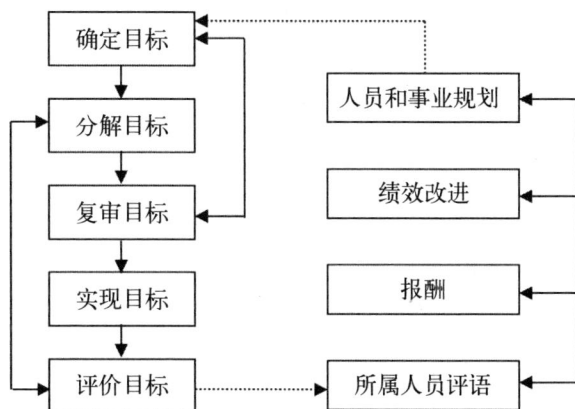

图5-5　目标管理逻辑框图

在确立目标时，有以下几个方面需要特别关注：

目标确立的过程必须精确严谨，以确保目标管理的成功实施与完成。例如，英国国家健康服务（NHS）曾在推行MBO时，明确了医疗部门每年降低等候时间的目标，确保目标量化明确，以实现绩效的精准考评和监测。

目标管理需要与单位的预算、绩效考评、工作水平、个体能力以及单位的发展紧密结合，形成系统性。举例来说，日本丰田汽车公司的生产线实施MBO时，将绩效目标与生产效率和质量管理相结合，推动全员参与质量改进。

需要明确绩效与报酬之间的关系，分析两者之间的影响因素。美国谷歌公司将MBO与员工奖金制度结合，使员工在完成个人目标的同时也实现了报酬的增加，激发了员工的积极性。

将明确的管理过程与绩效考评有机结合，确保考评与管理紧密衔接。举个例子，阿里巴巴集团的创始人马云在推行MBO时，强调员工的目标需要与公司的战略目标紧密一致，保证员工的工作目标与组织目标相契合。

绩效考评的效果受管理者投入程度、上下级人际关系和沟通能力影响。日本的丰田公司在推行MBO时，强调领导者需要与员工保持密切沟通，指导员工设定合适的目标，并定期进行反馈和调整。

然而，MBO法注重于考评对象的期望和评价，考评可能不够全面，容易受主观因素影响，从而降低了其客观性和公正性。综上所述，目标的实现与责任人的才能和知识相关，也与是否按照目标制定原则实施有关；同时，与目标是否能够激发内在动机以及直接上级的影响也密切相关。在实际应用中，结合具体情况，充分考虑各种因素，以确保MBO法的有效实施和绩效提升。

3. KPI考评

KPI，全称关键绩效指标，是在绩效考评中使用的一种重要衡量标准。它主要关注工作中最关键的一系列指标，集中在对工作最具关键性的方面。作为衡量组织战略实施效果的关键标尺，KPI的目的是在将组织战略转化为内部过程和活动的过程中，不断提升核心竞争力并实现持续高效益。其考评指标自上而下分解，从组织的战略目标到组织绩效，再到部门绩效，最终到个体绩效。

关键绩效指标理论依据"二八定律"，即巴莱多定律，认为工作绩效主要由数量占 20% 的关键因素决定。这个理论源自意大利经济学家巴莱多的观点。他指出，在任何系统中，最重要的因素只占少部分，大约 20%，而其余 80% 虽然数量多，但是相对次要。例如，在讨论会上，20% 的人通常发表了 80% 的发言。绩效考评也可以运用这一原则，从中挑选出最重要的几项指标，集中精力完成，以实现成功。在实际绩效考评中，不可能逐一考评所有因素、维度和时间点，因此聚焦 20% 的关键绩效指标即可。

确定关键绩效指标遵循 SMART 原则，即具体（Specific）、可度量（Measurable）、可实现的（Attainable）、相关性的（Relevant）和有时限的（Time-bound）。SMART 是这些英文字母的首字母缩写，如表 5-2 所示。其中，S 代表具体性，即绩效考评需要针对特定工作指标，避免笼统性；M 代表可度量性，即绩效指标是可以用数量或行为来衡量的，相关数据或信息可以获得；A 代表可实现性，即在付出努力的情况下可以实现，避免设置过高或过低的目标；R 代表相关性，即设定的年度目标必须与责任单位的职责密切相关，经过充分分析、研究和协商得出，并获得各方认可和承诺；T 代表有时限性，注重在特定时间内完成绩效指标。

表 5-2　SMART 原则

原则	正确做法	错误做法
具体性（S）	• 切中目标 • 适度精细 • 随情景变化	• 抽象的 • 未经细化 • 复制其他情景中的指标
可度量性（M）	• 数量化的 • 行为化的 • 数据或信息具有可得性	• 主观判断 • 非行为化描述 • 数据或信息无从获得
可实现性（A）	• 在付出努力的情况下可以实现 • 在适度的时限内实现	• 过高或过低的目标 • 期间过长
相关性（R）	• 与其他目标相关 • 与岗位职责相关	• 与其他目标无关 • 与工作无关

原则	正确做法	错误做法
有时限性（T）	• 使用时间单位 • 关注效率	• 不考虑时效性 • 模糊的时间概念

KPI 方法在具体工作过程中表现出良好的适用性，然而由于其过于具体和专注于关键指标，往往容易忽略其他影响因素，从而在全面性和合理性方面存在一定不足。下面的表格（表 5-3）是美国西北公司（NW）的 SPG 战略规划小组管理人员的 KPI 关键行为指标评测表（BOS）。

请认真审阅每个行为项，在适合的数字上进行标记。每个行为项的评分解释如下：4 代表几乎总是，或发生率为 95%—100%；3 代表经常，或发生率为 85%—94%；2 代表有时，或发生率为 75%—84%；1 代表偶尔，或发生率为 65%—74%；0 代表几乎从不，或发生率为 0%—64%。

表 5-3　美国西北公司的 BOS

关键行为	团队运作				
	0	1	2	3	4
1）作出决策之前，请 SPG 的管理者们就那些会对 SPG 的管理者产生直接影响的事件说明自己的想法					
2）向 SPG 成员解释可能或将要对其他部门产生影响的指令、决策和政策背后的基本原理					
3）让 SPG 随时了解部门大事，包括人事、政策、项目、建设等					
4）不断寻求 SPG 在资金政策和计划方面发挥团队作用，而不是发挥单个 SPG 成员的作用					
5）在 SPG 会上，接受来自 SPG 成员对决策的批评和疑问					

续　表

关键行为	团队运作				
	0	1	2	3	4
6）支持 SPG 的决策					
7）花时间了解其他 SPG 成员的工作进展情况（如他们的目标、时间表、部门内部及部门间目标的相互关系）					
8）想办法将部门目标与（NW）整体运作目标联系起来					
9）在不知道解决方案时坦白承认					
10）参与 SPG 的讨论（如询问有关问题，与小组成员一同以头脑风暴法进行讨论）					

　　西北公司采纳了职务特征指标，通过对一系列关键行为的评估，能够相对客观地了解管理人员的绩效表现。然而，这种方法仅是关注行为和态度的考核，未包括对工作成果和绩效的评价。例如，管理人员的工作成果、分管工作的效益等量化指标无法获得。因此，为了全面、科学地反映管理人员的真实绩效，有必要引入关键业绩指标或目标达成度等量化成果性指标，结合公司所研发的职务特征指标，以实现在考评中兼顾绩效结果和行为过程的真实客观性。

　　关键绩效指标（KPI）考评有以下建议：

　　明确高校科研团队的战略目标和使命，这是设立 KPI 的基础。目标可以包括论文发表数量、科研项目数量、获奖情况等。

　　根据战略目标确定衡量科研团队绩效的关键指标体系。指标要同时关注团队产出、过程和发展能力。

　　KPI 指标要遵循 SMART 原则，确保指标清晰、可测量、可实现、相关和有时间限制。

　　指标要结合定量和定性评估，不能简单依赖某些数字化指标。定性评估可以关注团队合作、成员发展、创新文化等方面。

考虑同行评议在 KPI 考评中的作用，科研团队内部和外部专家评价都很重要。

注意过程与结果的关系，不要过分强调某一时点的评估结果，要关注持续改进。

4. BSC 考评

平衡计分卡（BSC）是 20 世纪 90 年代初由哈佛商学院的罗伯特·卡普兰和大卫·诺顿发明的绩效管理模式和评价体系，如今被广泛应用，成为当今世界上最受欢迎的管理工具之一，并逐渐演化为战略管理的重要工具。

（1）平衡计分卡的基本内容

平衡计分卡基于组织战略，精选一系列计量指标，涵盖客户层面、内部业务流程层面、学习与成长层面以及财务层面等四个相互关联的维度。这些指标形成了因果关系，将组织战略转化为四个维度的目标、指标、目的和行动，如图 5-6 所示。

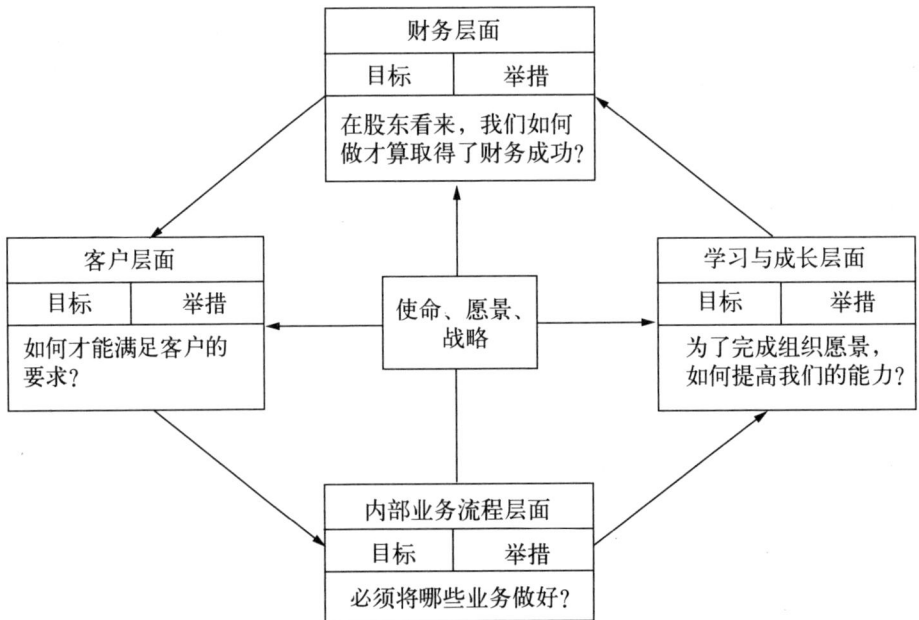

图 5-6　平衡计分卡模型图

平衡计分卡凸显了以下四个方面的需求：首先，学习与成长层面，指明了组织需要何种知识、技能和体系，以创新和建立适当的战略优势和内部运营机制。其次，内部业务流程层面，使组织能够有效运营，建立适应市场的内部流程。再次，

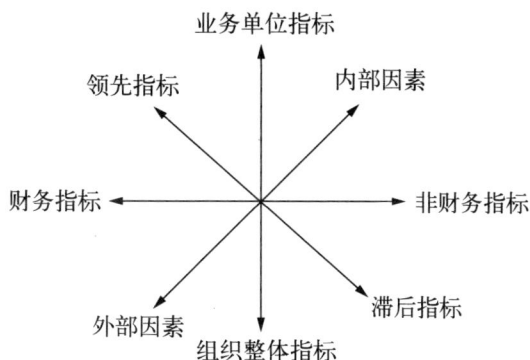

图 5-7 平衡计分卡的平衡关系

客户层面，确保组织能够创造出特定的价值，满足市场需求。最后，财务层面，以实现更高的股东价值。平衡计分卡融合了内外部因素的平衡、领先和滞后指标的平衡，财务和非财务指标的平衡，以及业务单位目标与组织整体目标的平衡，如图 5-7 所示。这种平衡关系是其设计和执行的核心理念之一。

通过平衡计分卡，组织能够将抽象的战略目标转化为具体的绩效指标，从而更好地监控和评估战略执行的效果，使战略管理更加精准和实效。

（2）平衡计分卡的主要构件

平衡计分卡的主要组成部分包括图（战略地图）、卡（平衡计分卡）和表（单项目标行动计划表），这些元素构成了目标规划的框架，能够将组织实力、为客户创造价值以及未来财务表现等因素联系起来，为绩效管理提供了全面的衡量体系。

表 5-4 展示了美国利兹大学的战略地图，该地图呈梯级结构，由上至下包含四个层次的战略目标。顶层是学校的愿景，即跻身世界一流高校之列。中间两层制定了学校的核心价值观、重要利益相关方和战略要旨。底层是落实上述目标的具体措施。在战略要旨层面，学校集中资源提高国际影响力、科研成果、人才培养质量和知识转移成效。在战略措施层面，学校则注重提升运营效率、财务可持续性、人力资源价值和绩效。该战略地图直观展示了学校战略规划的逻辑体系，通过清晰的视觉呈现突出战略重点，有助于促进

战略沟通和执行。它将复杂的战略内容以简洁图式呈现，使学校成员可以全面理解和参与战略实现中。

表5-4 美国利兹大学战略地图

愿景	到2015年，我们将以世界一流的整合的科研、学术和教育能力，在世界50强大学中占有一席之地						
目标和价值	我们是一所研究型大学					我们的价值观	
	创造、丰富和传播知识		培养杰出的学生和学者				
	对国际社会产生深远影响						
利益相关者和合作伙伴	P1.对于社会有重要作用的高质量研究	P2.在其研究领域获得最广泛的认同	P3.大学在成果提供和职业化方面具有良好声誉	P4.在获得了强烈而持久声望的一流大学里学习	P5.从拥有前沿知识的学者那里进行学习	P6.接受能够获得优先职业机会的教育	P7.有支持个体充分发展的环境
关键主题	提升大学国际影响		提高我们研究的成绩	鼓励学生全面发展他们的潜能		鼓励创业和知识转移	
	T1.发展、促进并宣传我们的国际形象		T4.在我们所有的研究领域取得优异成绩	T7.发展杰出的、令人鼓舞的教学水平		T10.提高产生于创业和知识转移的业绩和价值	
	T6.为学生提供参与优秀研究和学术活动的机会						
	T2.增加招收高质量国际学生		T5.有选择地在一定领域创造世界领先的业绩	T8.为学生提供非凡的体验		T11.为当地社会乃至国际社会的富裕作出贡献	
	T3.培养国际性的研究和创新文化			T9.增加学生参加能够受益活动的机会			

续 表

战略促动因子	提高我们的效率				
	E1. 与其他组织建立战略伙伴关系以显著提升价值	E2. 提供一流的设施	E3. 确保更多时间用于学术发展	E4. 改进核心系统和流程	E5. 管理组织业绩
	财务的可维持性		形成和发展全体员工的价值		
	F1. 研究收入进取型增长	F2. 用来源不同渠道的收入增加对于我们未来的投资	S1. 在广大的范围内发展员工的领导技巧	S2. 在所有组织层次上确保有效沟通，并成为学校价值观和战略的主人	
	F3. 将资源用于战略优先的方面	F4. 确保所有的学院和系奖盈余集中于投资	S3. 吸引和留住高水平员工	S4. 支持所有员工的发展	

（3）优点

克服短期行为：平衡计分卡能协调组织行动，避免财务评估方法引发的短期行为，服务战略目标。

战略转化：有效将战略转化为部门绩效指标，确保各级与整体战略一致。

沟通与理解：促进部门个体对组织目标和战略的沟通与理解。

学习与成长：培养核心能力，促进个体和组织的学习成长。

长远发展：实现长远发展目标，提升绩效管理水平。

案例：美孚石油（Mobil Oil）在 1993 年引入平衡计分卡，由生产导向转变为客户导向，行业利润率从倒数第一位升至第一位，保持四年。

（4）缺点

指标难解释：部分指标难以解释或衡量，特别是非财务指标。

绩效指标设定难：确定绩效指标及标准具有挑战性，需要将目标与考评衡量指标有机结合。

调整困难：随组织变化，平衡计分卡需要调整，耗费大量时间和资源。

执行复杂：制定和实施需要时间，典型计分卡需要5—6个月，调整结构更需几个月，总时间可达一年或更长。

（5）应用问题

认知不足：若管理层未认识到考评问题，难以有效实施。

信息系统不足：信息管理不完善，导致"信息孤岛"，影响绩效评价的实施。

信息交流问题：会议过度关注业务改善，忽略单位或部门目标，阻碍系统运作优化。

缺乏支持与认同：管理层支持不足，部门认同不足，影响平衡计分法的实施。

复杂编制与不完善的信息基础设施：绩效指标设置复杂，信息管理不完善，影响实施。

（6）最新发展

平衡计分卡正在向"战略管理系统"发展，与预算、业绩评估等管理工具深度融合，提供更系统化的战略执行支持。同时，数字化BSC通过大数据和人工智能支持战略管理。

方法创新：出现了动态BSC、战略风险BSC、战略地图BSC等创新方法，使BSC更灵活适应复杂环境。

新要素：加入战略学习、战略链、文化变革等新要素，使BSC实现从战略规划到执行的全面闭环。

新挑战：环境变化频繁为BSC实施带来新挑战，需要建立动态调整机制。信息化建设与文化融合也是新课题。

发展趋势：BSC将向战略管理系统方向发展，与新技术深度融合，提供更系统化的战略支持。

综合起来，平衡计分卡正由战略执行工具向战略管理方式转型，与数字化、智能化、动态化相结合，以提高组织战略管理水平。但信息化建设及文化适应仍需关注。

（7）典型案例：

飞利浦的董事会 BSC 推动公司战略重组；通用电气的 Work-Out 项目应用 BSC 理念进行流程再造。

飞利浦的董事会 BSC：

飞利浦在 20 世纪 90 年代面临亏损和市场下滑的困境。为实现转型，飞利浦设计了董事会 BSC，由 CEO 和高管团队组成，致力于绩效改进。BSC 聚焦财务、客户、流程、学习与发展四个方面，设置长期目标和短期里程碑。BSC 推动飞利浦进行战略重组，退出部分业务，调整资源配置，实现盈利。BSC 成为飞利浦战略执行的关键平台，最终帮助飞利浦成功转型。

通用电气的 Work-Out：

20 世纪 90 年代，通用电气面临激烈竞争和僵化的官僚文化。为实现变革，CEO 韦尔奇启动 Work-Out 项目，采用类似 BSC 的方法建立横向沟通，鼓励员工提出改进建议。300 多项建议被采纳实施，大幅降低运营成本。Work-Out 展示了 BSC 理念在执行层面的应用结果，有效消除内部官僚主义，释放员工潜力。

通过这两个案例可以看出，BSC 在战略转型和执行过程中发挥了重要作用，不仅是一种策略工具，更是一个战略管理系统，推动组织实现战略目标。

5. 排列法考评

排列法是一种依据考评对象的绩效排序进行评价的方法，主要包括简单排序法和交叉排序法。

简单排序法仅根据单一评价维度对所有被考评者进行从高到低的排名，操作简便，但评价粗浅，无法充分反映员工的多方面工作表现，仅适用于少量人员的考核。

交叉排序法是管理者根据被考评者的整体表现，先选出最佳和最差员工，再选择次优次差，以此类推循环进行排序。这种方法易操作有效，常应用于需要团队协作的同类工作岗位考评，但可能导致被考核者间的过度竞争压力。北京某高校后勤部门的考评就是运用交叉排序法，每年按照员工的整体工作表现进行排名评比。

专家认为，排列法过于简单化，无法定量分析员工表现，应避免长期依赖。同时，排列法仅强调相对排序结果，缺乏定量或定性的绩效分析，无法为员工改进提供明确方向。此外，排名比较容易导致被考评者间的消极竞争心理，不利于团队合作。

总体而言，排列法通过对比评价确定考评对象的相对排序，简单易行，在考评人数有限时可提供参考。但其应用需谨慎考量被考评者的心理承受能力及团队合作需求，仅作为定性评价的辅助工具，避免长期过度依赖。

6.对偶比较法考评

对偶比较法，又称两两比较法，是通过让考评者将每一位考评对象与其他所有对象进行逐对比较，选择相对较优者，并记录比较结果，最后根据每个人获胜次数确定排序的一种考评方法。

其具体操作流程是：在评比表格中列出所有考评对象，每次选择两人进行比较，记下相对较优者，全部比较结束后计算每个人获胜次数，据此排定名次顺序。这种方法比较全面，能对考评对象作出整体评判，但当人数过多时比较次数急剧增加，操作困难。

对偶比较法操作的一般规程是：每一次比较时，给表现好的考评对象记"+"，另一个考评对象就记"–"，所有考评对象都比较完后，计算每个人"+"的个数，据此对考评对象作出考评，谁"+"的个数多，谁的名次就排在前面。例如，A 与 D 相比，A 强于 D，就在对应的栏目中记"+"；而 A 与 C 相比则不如 C，就记"–"。这样，五个考评对象全部比较完之后，计算他们的"+"号个数，A 是 2 个，B 是 4 个，C 是 3 个，D 是 0 个，E 是 1 个。这五个考评对象的优劣顺序就很容易看出来了：B 排在第一名，以下依次为 C、A、E、D，如表 5-5 所示。

表5-5　对偶比较法示意图

姓名	对比人					"+"的个数
	A	B	C	D	E	
A		−	−	+	+	2
B	+		+	+	+	4
C	+	−		+	+	3
D	−	−	−		−	0
E	−	−	−	+		1

该方法通常根据考评者的主观印象进行综合评比，不细分考核维度，结果偏重排序而非定量分析。优点是评估相对全面，缺点是比较次数多，仅适用于小规模考核。

专家认为，对偶比较法可以作为定性考核的辅助参考，但不宜长期过度依赖，应注重引入定量考核和多维度衡量指标，使考核更严谨客观。此外，考评过程中还需关注被考评者的心理感受，谨防过度竞争导致的负面影响。

5.4 绩效考评的原则与功能

在现代组织管理中，绩效考评扮演着至关重要的角色，旨在衡量和提升组织及个体的绩效水平。绩效考评的实施需要遵循一系列的原则，同时也具备多重功能，以实现有效的管理和持续的优化。例如，针对高校科研评估，中国某综合大学采用平衡计分卡，将科研目标、教学质量、师资水平等指标量化，帮助教师明确绩效期望，推动科研与教学的整合，从而提高了学校整体竞争力。

5.4.1 绩效考评的原则

许多管理专家和教授在绩效考评原则方面提出了宝贵的观点。斯蒂芬·柯维认为，绩效考评应当与明确的个人和组织目标相结合，确保每个绩效指标都对整体战略有实质性的贡献。哈佛商学院的迈克尔·波特主张绩效考评要考虑竞争环境，强调要量化地衡量核心竞争力。

绩效考评的原则包括：

一致性原则：绩效考评要与组织战略一致，确保个体和部门的绩效目标与整体战略相契合，避免单项指标脱离大局。

公平性原则：绩效评价应公平合理，避免歧视，充分考虑个体能力、贡献和环境因素。

客观性原则：绩效评价应基于可量化的数据和事实，降低主观性，提高评价的客观性。

动态性原则：绩效考评要不断调整和完善，适应组织变革和个体发展，确保考评体系的有效性。

5.4.2 绩效考评的功能

绩效考评的功能涵盖广泛，其中的重要性不容忽视。

促进激励与改进：绩效考评作为激励机制，能够激发员工积极性，提高工作投入。透明的绩效评价可以激发教师追求卓越的动力，同时也有助于指导教师改进教学方法和科研方向。

目标达成的导向：绩效考评将个体和部门的目标与组织战略对接，引导员工集中精力追求对组织最有价值的目标，促进整体绩效的提升。

反馈与改进机制：绩效考评提供定期的反馈，帮助员工了解自己的表现，从而调整策略，改进工作方法。

支持决策：绩效评价数据为决策提供依据，有助于资源分配和人员调配，优化整体效率。

综合而言，绩效考评在现代管理中具有不可替代的地位。遵循合适的原则，绩效考评能够发挥多重功能，既有助于提升个体和组织的绩效水平，又有助于引导战略目标的实现。通过专家的观点和实际案例，我们可以更好地理解绩效考评在实践中的价值。

5.5 绩效考评的流程

绩效考评是一项系统工程，需要注意考评过程的科学性和各环节的有机衔接。考评流程合理顺畅，直接影响考评结果的准确性和考评目标的实现效果。一般可分为考评准备、考评实施、考评结果分析和绩效反馈与运用四个阶段，如图5-8所示。

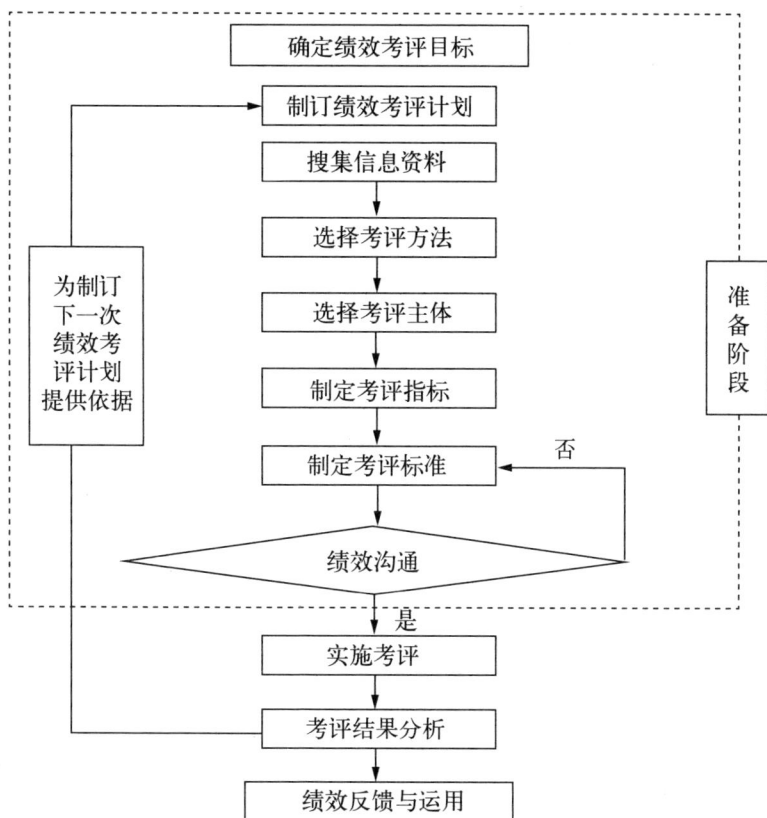

图 5-8 绩效考评流程图

5.5.1 绩效考评的准备阶段

绩效考评的准备阶段是整个绩效管理过程的第一个关键阶段，其重要性不容忽视。在这个阶段，涉及的内容极为丰富和复杂，因此必须进行细致、周全的工作，充分地沟通和交流。该阶段主要包含以下几个构件：确定绩效考评目标、制订绩效考评计划、搜集信息资料、选择考评方法、选择考评主体、制定考评指标以及考评标准等，并需要确保通过绩效沟通获得广泛认可。

1. 确定绩效考评目标

绩效考评目标是在整体组织战略和发展规划的指导下，各部门或单位根据其自身的发展目标和要求所设定的相应绩效考评内容和目标。这涵盖了组织行政效能，个人工作业绩、晋升、职称评定、岗位津贴发放等多个方面的考评内容。绩效考评目标为绩效评价的方向提供了基准，对于考评过程、对象、标准和结果的运用产生重要影响。设置绩效考评目标应将组织的长期规划与具体目标相结合，逐级分解具体目标，通过设置个人工作绩效指标来实现组织的具体目标。

2. 制订绩效考评计划

绩效考评计划是实施绩效考评的详细规划路线图。制订合理科学、条理清晰且可实施的计划，有助于确保整个考评过程的有序性和清晰性。绩效考评计划作为支持考评的有力工具，其质量的高低直接影响着绩效考评的成败。绩效考评计划不是一成不变的，而是随着考评工作的推进，根据实际情况进行适时调整。

通常情况下，绩效考评计划需要遵循一定的时间限制，以确保计划的可信性，避免流于形式。计划的时间安排应考虑考评的目的和对象。例如，对于招聘入职的考评，通常仅在招聘期间和试用期内进行；而对于工作业绩考评，会在工作过程中或一段时间后进行。绩效考评计划的内容应当具体明确，具备实施可操作性，且所需的人力和物力资源控制在合理范围内。绩效考评计划应包括确定绩效考评时间、参与考评的人员范围、考评指标、考评标准和期望的考评结果、所需资源，以及绩效考评的策略和方法等。

3. 搜集信息资料

信息资料的收集是绩效考评不可或缺的步骤。这包括深入了解考评对象的实际工作情况，与考评对象进行详细交流，广泛听取考评对象对绩效考评内容、方法和实施过程的意见。此外，还需要搜集部门主管对考评要求和目标的看法，以及多样的考评方法，以便制订科学合理的绩效考评方案，进一步完善考评体系。信息搜集的方式多种多样，可以采用文献查阅、访谈、观察等质性研究方法，也可以通过数量统计方法获得信息资料。

4. 选择考评方法

考评方法的选择直接影响考评结果的准确性。良好的考评方法必须具备可靠性、可操作性、代表性和普遍性，同时能够准确识别考评对象个体的行为差异，使考评者能够以客观的意见进行考评。在选择具体的考评方法时，需要从考评组织的特点和目标出发，选择最适合的方法。

5. 选择考评主体

考评主体作为绩效考评的执行者，其准确、科学地对考评对象进行评价是影响绩效考评的核心因素之一。在选择考评主体时，应综合考虑两个方面的因素：其一，能够全面观察考评对象的工作表现；其二，有助于减少个人偏见。一般来说，考评主体应多元化，包括直接上级、同事、团队成员、下级、服务对象等。以电话服务为例，客户在电话咨询结束时，通常会收到服务人员的提醒，鼓励客户提供服务评价。

6. 制定考评指标

考评指标是考评单位进行评价的基准，也是考评主体实施评价的主要依据。考评指标和考评体系一般具有导向性，它们不仅评估考评对象的工作业绩和工作态度，还凸显了考评的重点和关注点。因此，考评指标的设定应考虑单位的战略目标和规划，对年度或综合考评指标进行分解，明确考评要点并具体细化和量化，确保考评对象的个人工作绩效与组织的具体目标有机结合。

7. 制定考评标准

考评标准主要确定各个指标的权重和考评结果的分层水平。考评标准的设定旨在避免主观随意性，确保考评的公正性。制定考评标准包括两个方面：一是确定指标的权重，通常根据指标的重要程度和考评对象，采用专家或权重确定的方式进行；二是设定考评结果的分层分类，例如优秀、合格等，同时设定这些分类之间的边界。考评标准不仅仅是考评结果的分层分类，还直接决定了考评对象的工作业绩和在考评序列中的位置，同时也影响年度考评、职位晋升、岗位津贴等多个方面。

8. 绩效沟通

绩效沟通是绩效管理的核心环节，贯穿整个过程。它在人力资源管理中具有重要地位，涉及考评者与考评对象之间对绩效考评问题及考评机制的实质性讨论。绩效沟通可以通过面谈、邮件、电话等多种渠道进行，其目标是寻求解决方案，促进考评对象的绩效改进和提升。绩效沟通如图 5-9 所示。

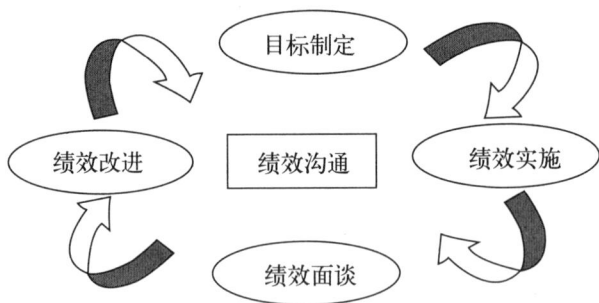

图 5-9　绩效沟通图示

绩效沟通贯穿于整个绩效考评过程，涉及考评目标的制定、绩效面谈、绩效实施和改进等多个环节。有效的沟通方式和渠道，以及对沟通结果的妥善处理，决定了考评指标体系是否能得到大多数人的认可和支持。绩效考评体系的实施需要获得多数人的接受，否则需要进一步的沟通和修正，直到获得广泛认可。因此，绩效沟通是绩效考评体系成功实施的关键基础和组织保障。

5.5.2 绩效考评的实施阶段

绩效考评实施阶段在整个考评过程中扮演着至关重要的角色，它需要通过明确的考评指标体系和具体的考评方法，对考评对象的工作绩效进行评估、测量和记录，以全面了解和分析其实际工作表现和业绩情况。

绩效考评可以覆盖整体，也可以针对特定局部进行评估。在正式启动考评之前，对于参与考评的主体，必须进行适当的说明，并按照预先设计好的考评表进行操作。这样的做法有助于将实际工作表现和工作结果与考评指标和标准进行对照，准确判定哪些方面未达到标准，哪些方面达到或甚至超过了标准。通过这样的客观判断，我们可以提出准确的考评结论和建议。在现代化的环境中，绩效考评可以借助计算机在网络环境下进行。考评主体登录考评系统后，根据考评指标对选定的考评对象进行评分，操作简便且无须额外培训即可顺利完成。

绩效考评实施阶段通常分为考评试测阶段和正式考评阶段两个部分。

1. 考评试测阶段

考评试测阶段有助于进一步确认考评指标的稳定性以及考评对象的反应。在这个阶段，我们可以通过发布考评文件或通知的方式，使考评主体和考评对象详细了解考评细则，充分理解考评内容。此外，我们还可以让考评对象预测自己的考评结果，让他们了解主要考评指标项目，以便进行更深入的沟通和交流，同时也提供解释和说明。另外，我们还可以采用提供模拟考评过程的方式，帮助考评对象和考评主体熟悉考评规范和要求，从而提升考评质量和效率。

2. 正式考评阶段

正式考评阶段是记录考评结果的关键过程，因此必须非常认真对待，并制定相应的干预方案和措施。在正式考评阶段，首先需要进行身份认证和考评纪律等方面的准备工作。有时，一些考评主体可能会委托他人代为参与考评，或者在考评过程中基于个人关系对考评对象进行不公正的评价。其次，在正式考评过程中，需要进行审核工作。完成考评表填写后，应按项目分组逐一核实，并由考评小组负责人签字确认。对于那些违反考评纪律或填写不规范的情况，应及时进行处理和纠正。最后，在正式考评结束时，需要注意对考评表和考评数据进行封存，以防问题发生。

绩效考评实施阶段是确保考评过程准确、公正的关键环节。通过严谨的操作和规范的程序，我们能够获得可靠的绩效考评结果。

5.5.3 绩效考评的结果分析

对于考评结果的分析与评定是绩效考评中至关重要的环节。这一阶段直接关系到绩效考评的质量以及考评结果的实际应用。在这个阶段，以考评对象为单位，对整个考评过程以及相关记录进行审核、分析。经过统计整理后，得出绩效考评对象的考评指标数据或状况，并将其与考评标准进行比对。差异分析有助于找出产生差异的原因，并进一步形成绩效考评报告。在考评结果分析中，需要进行多方面的分析，如按部门业绩、学历分布、职称分布、工作业绩等方面进行分析。只有这样，我们才能得出全面客观的绩效考评分析结论，为考评反馈和考评结果的实际应用做好充分准备。

5.5.4 绩效考评的反馈与应用

1. 绩效反馈

绩效反馈是绩效管理过程中不可或缺的环节。它通过考评者与考评对象之间的沟通，对考评对象在考评周期内的绩效情况进行面谈。在肯定成绩的同时，也要指出工作中的不足，并提出改进建议。绩效反馈的目的在于让考评对象了解自己在考评期间的工作表现，使组织管理者和考评对象双方对考评结果达成一致认识。通过双方共同探讨，可以找出绩效未达标的原因，并制订切实可行的绩效改进计划。此外，管理者需要向考评对象传达组织的期望，考评对象也要表达自己对绩效改进的承诺，形成一份绩效合约。由于绩效反馈是在绩效考评结束后实施的，且涉及考评者与考评对象之间的直接对话，因此，有效的绩效反馈在绩效管理中起着至关重要的作用。

绩效反馈应遵循经常性原则、事事关心原则、多问少说原则、着眼未来原则、正面引导原则和制度化原则等。在绩效反馈中，应做好以下几项工作：

及时将考评结果反馈给考评对象。这有助于考评对象清楚了解自己的工作绩效，认识到单位对其工作的评价，找出自身优势和改进的空间，从而在下一个考评周期内取得更好的表现。

尽可能公布相关分析结果。绩效考评的目标不仅是让考评对象了解自己的工作绩效，更重要的是让他们了解自己在整体考评中的位置，与其他相似对象的差距。这有助于每个考评对象既认清自身，也了解整体情况。

认真分析和处理绩效反馈结果。无论反馈信息如何，都要以务实、认真的态度加以分析和处理，以寻找最满意的解决方案。

2.考评结果的应用

考评结果通常被用作职业资格认定、岗位聘任、职务晋升、培训计划以及岗位津贴发放等重要依据。绩效考评的结果应体现奖惩分明的原则，以充分体现公平和劳动价值。对于工作表现优异者，应及时给予认可和奖励，并记录在案。这些记录可以成为职务晋升和评优选拔的主要参考依据。对于考评未达标者，应及时沟通，制定切实可行的改进措施，督促其提升工作表现，完成绩效目标。此外，绩效考评结果也是考评部门制定下一周期考评内容和指标设计的重要依据。考评应保持连贯性，避免一次考评一次奖惩，确保考评结果对考评部门的工作改进具有借鉴意义。

第6章 高校科研团队评价基本情况

6.1 科研团队绩效评价研究述评

目前，随着知识经济时代的到来，高校科研团队评价已经崭露头角，成为衡量和推动国家科技创新发展的重要工具。科研评价的研究和实践对于提高科研产出的数量和质量、推动国家科技创新的持续和健康发展具有深远的意义。发达国家如欧美早在20世纪初就已经建立了一套完善的科研评价指标体系，为国家科研水平的显著提升奠定了坚实的基础。尽管我国在科研评价研究方面起步较晚，但在国家科技发展政策的大力支持下，相关学者对科研评价进行了深入的研究，提出了一些科研评价指标，并对这些指标之间的关系进行了深刻的分析。

然而，科研评价的准确性、合理性和公正性的提升仍然是科研领域的焦点之一。因此，国内外的学者广泛而深入地研究了各种科研评价方法，同时也积极探讨了科研团队指标体系的构建。这些努力旨在确保科研评价既能够客观反映科研成果的实际价值，又能够激励科研人员积极投入研究工作，为国家的科技创新事业贡献更多的力量。

6.1.1 国内研究现状

我国对高校科研团队评价体系的研究起步相对较晚，但随着新时期科研评价改革和高校科研创新力量建设的深入推进，近十几年来，高校科研团队绩效评价体系的研究日渐增多，评价指标和方法论也不断完善和系统化。国内学者不仅针对不同类型的科研团队构建了专业化的评价指标体系模型，还对团队评价指标权重和指标关系进行了深入探索，为后续研究奠定了良好基础。

张喜爱以西北师范大学科研团队建设实际为例，运用层次分析法等系统化方法构建了一个多维度的团队评价指标体系模型。该模型从人才队伍建设、科研项目承接、科研成果产出、平台条件支撑和制度保障等方面设计了一级指标，并采用问卷调查的方式确定各个二级指标的权重。该研究对高校科研团队的绩效实现了全方位的考核和评估。于水和胡祥培以大连理工大学科研团队为具体研究对象，不仅考虑了对团队整体的综合评价设计，还细化到对个人团队成员的科研表现和贡献的评估，运用了角色考核法和科研情况考核法等，设计了操作性较强的评价体系。金南顺和吕园园在总结和吸收前人研究成果的基础上，首次引入标杆管理的理念和方法，通过与行业内顶尖的科研团队进行标杆对比，检查团队自身的发展短板和差距，以实现团队的持续改进和进步。陈平和盛亚东以浙江大学新型多学科融合的科研团队为例，遵循科学性、可操作性和系统性的评价原则，采用模糊层次分析法实证研究了跨学科科研团队的考核体系构建。朱晓琴和廖萍根据广西本地区高校科研团队的实际运行情况，运用层次分析法和德尔菲专家评议法确定各评价指标的权重，建立了强调科研创新能力、团队内部协作能力、社会服务贡献能力的评价指标体系。张剑和何海燕构建了基于科研团队投入产出相关性的评价模型，并采用主成分分析法和相关分析方法进行实证检验。李孝明、顾新和蔡兵关注高校创新型和学科交叉型科研团队的特殊性和复杂性，遵循科学性和可操作性原则构建了一套细致的团队评价模型。专家指出，当前国内外科研团队评价研究仍以定量指标为主，需要加强过程指标和定性指标的设计。

当前，国内学者从多个角度探索高校科研团队绩效评价体系的构建，相关研究成果积累了一定量，对推动科研团队建设提供了重要参考。朱文藻通过分析科研评价现状，提出科研能力由科研势能和科研动能两个方面组成，在科学性、可操作性和综合性原则指导下，设计了高校科研能力评价指标体系框架，并采用模糊评价法对指标体系进行了定量分析。张艳艳和赵海军以天津师范大学的科技创新绩效评价为典型个案，利用 DEA 数据包络分析法开展了科研投入产出指标的实证研究，通过建立投入产出指标的 DEA 模型，分析了不同院系之间的相对绩效，为合理配置科研资源提供了依据。路变玲、黄国青和闫博华对科研团队的特征和绩效内涵进行了理论分析，提出科研团队评价可考察研发能力、研发成果和研发过程三个维度，在此基础上运用结构方程模型的原理，构建了科研团队综合实力评价的理论模型。张蔷蔷、邵红芳和薄晓明等人以山西省高校科研团队为具体研究对象，采用文献分析法和专题讨论法相结合的方式，设计了适合山西省局部高校的科研团队绩效评价指标体系框架，并将指标体系分为自然科学类团队和人文社科类团队两个方面构建，通过对几所高校科研团队的访问调查，对团队绩效指标体系进行了实证检验和修正完善。贾佳、潘云涛等人则从文献计量学的全新视角出发，应用文献计量分析方法，对科研团队的生命周期进行了定量解析，提出可以从团队文献产出规模与效率、团队文献成果的学术影响力等多个方面进行团队创新能力的量化评价。马凤在吸收借鉴传统科研评价指标体系的基础上，针对现有评价指标在学术影响力测量存在的局限性问题，提出了一种新的学术影响力评价指标，并通过定量分析了学术影响力与传统指标如影响因子、被引频次等变量之间的相关性。原长弘和姚缘谊则从科研团队内部知识管理的视角，运用跨层次分析方法，探究了团队内部知识分享行为对科研创造性成果的影响，为加强团队知识管理提供了新的视角。严蔷薇、范富霞等专家学者，在综合国内外科研团队评价研究现状的基础上，指出我国科研团队考核与评价研究仍存在一些不足，如团队创新能力的定性评价方法和指标体系尚待加强，创新实力评价应在注重数量产出的同时，更加关注科研团队综合实力和凝聚力的提升。此外，还有一些学者专门从团队创新绩效优化的视角，构建了科研团队综合实力评价指标体系，既关注学术价值创造，也兼顾经济价值和社会价值的兼容。

综上所述，当前国内学者从科研规律、团队发展需要等角度，运用定量与定性相结合的科学方法，积累了大量科研团队绩效评价的理论研究和实证分析成果，为构建系统、科学的科研团队评价体系奠定了重要基础。但专家学者也指出，当前研究与应用实践仍存在一定差距，还需进一步加强以下几个方面的工作：一是在坚持定量指标的同时，加强过程性指标和定性评价指标的设计研究；二是注重评估团队的创新能力和集体凝聚力，不仅仅局限在数量产出的统计；三是需要扩大研究样本的范围，不同学科领域和区域之间可能需要不同的评价指标；四是加强科研团队评价理论的研究，提高评价体系的科学性和系统性；五是运用新技术手段提高评价的精准性和动态响应性；六是加强对评价指标权重计算的研究，评价方法也需要针对不同类型团队的特点进行优化选择；七是强化评价结果的应用，发挥评价的导向作用等。构建科学、动态、策略性的科研团队评价体系，是一项复杂的系统性工程，需要持续深入地探索实践，以更好发挥政策引领作用，有效推动科研团队和科技创新能力整体提升。

6.1.2 国外研究现状

国外在高校科研评价方面形成了较为系统和规范的机制，主要表现在以下两个方面：

第一，许多发达国家已建立独立于大学之外的第三方评价中介机构，以保证评价的客观公正性。这些评价机构经过长期发展，已经获得政府和高等院校的高度认可，其科研评价结果直接影响政府对学校科研资助资金的拨款数额。为争取更多资助，高校都会致力提升在评价机构中的排名，从而不断推动教学质量改进和科研水平提高，形成了一种良性循环。例如英国研究评价框架、澳大利亚优质研究中心评价等，对两国学术科研发展产生重要影响。

第二，国外学者较早开展科研评价指标体系的系统研究。早在20世纪初，美国就成立了国会科学咨询服务部，成为第一个着手研究科研评价指标体系的政府机构。1926年，美国学者阿尔弗雷德·洛特卡通过对化学与物理两个学科领域的作者发文频次进行统计分析，提出了著名的"洛特卡定律"，即

"少数人发表多数论文"的倒数平方关系定律，这是第一次对作者频次分布规律进行定量研究。1984 年，德·索拉·普赖斯在洛特卡定律的基础上提出普赖斯定律，进一步描述了科学家人数与科学文献数量以及不同产出能力科学家组别之间的定量关系，为科研评价奠定了数学基础。

为量化评价科研人员的研究成果，国外较广泛采用 h 指数和 g 指数。2005 年，乔治·赫希提出 h 指数，综合反映论文数量和被引频次，可用于评估学者影响力。许多著名学府和机构采用 h 指数评价教师和研究人员的学术贡献，如瑞士联邦理工学院、麻省理工等。2006 年，埃格赫提出 g 指数，通过引入高被引论文指标，弥补了 h 指数的不足。此外，汤森路透 ESI 数据库已经成为衡量科研绩效的重要工具，其覆盖 22 个学科，可评价国家、机构和个人科研实力。

在科研评价体系建设方面，英国以其 REF 科研卓越框架最具代表性，该框架从成果、环境和影响三个维度评价科研质量，注重创新性和影响力，已成为欧洲主流模式。法国则设立独立机构对团队进行评价，考察出版量、被引频次等指标。

除评价指标外，国外学者还深入研究了团队协作机制对创新绩效的影响。有的学者指出团队协作对成果质量影响显著，但对数量影响较小。有的学者 Chander 提出团队内部信任对发展创新能力至关重要。一些研究还发现，成员同质性与异质性程度、团队内部关系等都会影响创新产出。

专家指出，我国应借鉴国外科研评价的成功经验，主要从以下六个方面入手改进现有科研评价体系：

（1）学习独立第三方评价机构的运行模式，通过制度化设计保证评价的公正性和权威性。

（2）加强对科研评价理论方法与具体指标的系统性研究，形成科学精准、符合我国国情的评价模型。

（3）将评价结果与政府科研资助直接挂钩，形成学校内生动力，有效促进科研水平提升。

（4）不仅看重最后产出结果，还要注重过程管理与监控指标的设计，实现对科研活动全过程的评价。

（5）鼓励不同的第三方评价主体开展研究与实践，形成规范统一、科学权威的评价机制体系。

（6）建立灵活的评价框架，以适应不同学科领域的特点需求。

同时，专家还认为我国科研评价体系建设可以借鉴国外在以下几个方面的成功经验：

（1）建立独立的第三方评价中介机构，确保评价的客观公正。

（2）研究适合我国国情的科研量化评价指标。

（3）加强对科研成果原创价值的评判，不应只强调论文数量。

（4）从成果、环境、影响力等多个维度进行科研评价。

（5）加强对科研团队内在运行机制的研究，以提升团队协同效能。

（6）根据不同学科建立灵活的评价体系，使之真正适应领域需要。

当前，我国也正在大力推进新时期科研评价改革，积极探索建立独立的第三方评价机构，并不断完善科研评价指标体系。我们需要进一步加强科研评价的系统性研究，不断优化评价内容与方式，最终建立科学严谨、动态响应的科研评价体系，以有效提升科研原创性与整体水平。

6.2 高校科研团队评价现状

高校科研团队综合实力评价是一项复杂且重要的工作。构建科学合理的评价指标体系，不仅有助于监督和评价各团队的科研活动，还可对人才激励和奖励决策提供指导。因此，构建多层次、多维度的评价指标体系，对团队科研活动进行科学有效的评估，是当前的关键任务。

然而，这一工作也面临诸多挑战。我国自主科研时间相对较短，尚未形成固有模式，构建具有中国特色的评价指标体系任重道远。当前高校科研团队评价存在一些问题：

（1）评价过于依赖定量产出指标，缺乏过程性指标。

（2）评价范围局限在现状绩效，不够战略性和前瞻性。

（3）评价标准和方法难以适应不同学科领域的特点。

（4）评价结果应用不足，对团队发展影响有限。

为此，专家建议应遵循科学性、系统性、可操作性等原则，从以下方面完善评价指标体系：

（1）增加过程管理和团队协作等过程性指标。

（2）加入战略规划、团队愿景等战略性和导向性指标。

（3）设立不同学科指标子体系，兼顾特色。

（4）加强结果应用，发挥评价的导向作用。

通过科学系统的指标设计，我们可以客观评判团队从创新环境、人才队伍、成果产出到发展策略等各个方面的表现，全面提升科研团队的科技创新能力和国际竞争力水平。这需要科研管理者和团队自身持续努力，以加强理论建设和实践探索。

6.2.1 高校科研团队评价概念

高校科研团队是由具备相关领域知识和技能的高校科研人员组成的一个有组织、有管理的知识型人力资源组织，旨在实现预先设定的科研目标。建立一个优秀的高校科研团队需要考虑人员、定位、目标、计划和权限等要素。团队成员应各司其职、相互协助、共享知识、优势互补，服从管理人员的协调领导，彼此之间建立相互信任，及时沟通并调整科研计划和定位，以确保团队高效运转，甚至激发潜能，推进科研进程，按时或提前完成科研任务。这种团队组织形式有助于推进科研项目的研发，为将专业知识转化为科技成果和社会生产力奠定坚实基础。

高校科研团队综合实力评价是对科研团队中所有成员及整体能力的评价，包括学术竞争力和学术环境等多个方面。通过对高校科研团队综合实力的评价，可以衡量科研团队在实现科研目标过程中各个环节的条件和水平，从而提高科研产出和促进技术创新。科研团队综合实力评价对科研工作具有积极意义，既可以引导团队发现不足并不断完善和突破瓶颈，也可以促使团队及时调整工作重点。此外，权威合理的科研评价对各高校科研团队都具有激励作用，有助于提高科研产出比。

6.2.2 高校科研团队评价特点

1. 多维复杂性

高校科研团队评价需要综合考虑多个方面的因素。科研工作涉及复杂的过程和学科，团队成员之间的配合合作、知识共享和专业领域技能的互补等都对团队的综合实力产生重要影响。因此，在评价高校科研团队时，要关注学术竞争力、产学研能力、团队成长能力、学科融合能力等多个方面，同时也要考虑团队所处的学科领域和学术环境等因素。这体现了高校科研团队评价的多维复杂性。

2. 动态变化性

科研是一个不断发展和演进的过程。科研团队在不断探索未知领域时面临着许多不可控和不确定的因素。以适应科研工作的深入发展，高校科研团队的组织结构也会进行优化和灵活调整。因此，科研团队的综合实力是具有动态变化性的，它会随着科研工作的推进而不断发展。为确保评价的准确性，我们需要根据科研领域的发展趋势及时调整评价指标体系。这凸显了高校科研团队评价具备的动态变化性特点。

3. 模糊不确定性

科研团队成员具备丰富的专业知识和领域技能，他们通过协作、合作和知识共享创造了大量不同类型的数据和内容。由于科研过程的不确定性和数据的难以量化，用简单的数字和点集来准确描述科研团队的综合实力是十分困难的。科研团队评价涉及大量的不确定性因素，传统的数学方法在评价过程中准确性有限。因此，高校科研团队评价具有一定的模糊不确定性特征。

6.2.3 高校科研团队评价存在的主要问题

1. 重视论文发表而忽视其他科研成果

现行的考评体系往往过于强调论文发表数量和影响因子，忽视了其他科研成果的评价，如专利、技术转化、项目成果等。这导致科研人员在追求论文数量的同时，忽略了其他形式的科研创新和贡献。

2. 缺乏对团队协作的评价

现行的考评体系主要关注个人的科研成果，忽略了团队协作和合作的重要性。科研团队的整体绩效和合作贡献往往难以得到充分的评价和认可，这可能导致团队合作意愿的下降。

3. 考评指标单一化和刻板化

现行的考评体系往往采用定量指标进行评价，如论文数量、引用次数等，这导致科研人员在追求指标的过程中可能忽视了科研的深度和质量。同时，过于单一的指标也容易导致科研人员的行为趋同，缺乏创新性和多样性。

4. 考评过程缺乏透明度和公正性

现行的考评体系往往缺乏透明的评价标准和评价过程，科研人员对于自己的评价结果和评价标准不清楚，容易引发不公平和不满。同时，评委的选择和评价过程也可能存在潜在的主观性和偏见。

5. 高校科研绩效考评与学术评价体系脱节

现行的考评体系往往与学术评价体系脱节，导致科研人员在追求绩效考评的过程中，与学术研究的目标和价值有一定的偏离。这可能导致科研人员在追求绩效的同时，忽视了学术的深度和原创性。

综上所述，我国高校科研团队绩效考评体系存在着重视论文发表而忽视其他科研成果、缺乏对团队协作的评价、考评指标单一化和刻板化、考评过程缺乏透明度和公正性以及与学术评价体系脱节等问题。为了改进这些问题，需要进一步完善和科学化科研团队的绩效考评体系，充分考虑科研的质量、团队的合作和学术的价值。

在以上问题的基础上，还存在以下协同、系统和战略方面的问题：

（1）缺乏协同和合作评价机制。现行的考评体系主要关注个人的科研成果，忽视了团队协同和合作的重要性。科研团队的整体绩效和合作贡献往往难以得到充分的评价和认可，这可能导致团队合作意愿的下降。因此，需要建立协同和合作评价机制，对团队的协同表现进行评估。

（2）缺乏系统性评价指标。现行的考评体系往往偏重于单一指标的评价，缺乏对科研团队整体水平和系统性贡献的评价。科研团队的绩效不仅取决于个人的科研成果，还包括团队的组织能力、科研管理水平、团队合作等方面。因此，需要建立一套系统性的评价指标体系，全面评估科研团队的绩效。

（3）缺乏战略导向的评价机制。现行的考评体系往往缺乏对科研团队的战略方向和目标的评价。科研团队的绩效应当与高校和国家的科研发展战略相一致，而不仅仅是追求个人的发表数量。因此，需要建立一套战略导向的评价机制，评估科研团队在战略目标方面的贡献和表现。

（4）缺乏激励机制和长期评价。现行的考评体系往往偏重于短期的绩效评价，缺乏对科研团队的长期发展和持续创新的评价。科研团队的绩效应当得到长期的激励和评价，以推动科研团队的持续发展和创新。因此，需要建立一套激励机制和长期评价体系，鼓励科研团队的持续创新和发展。

综上所述，为了改进我国高校科研团队绩效考评体系，除了解决重视论文发表、缺乏团队协作评价、考评指标单一化和考评过程不公平等问题外，还需要加强协同、系统和战略方面的考虑，建立协同和合作评价机制、系统性评价指标体系、战略导向的评价机制以及激励机制和长期评价体系，以促进科研团队的整体发展和创新能力。

6.3 构建高校科研团队绩效评价体系的方法

评价方法的选取，对于一个组织的绩效评价十分重要。目前，我国对于高校科研团队绩效评价主要采用的是以下几种方法：

1. 数据包络分析法

数据包络分析法（Data Envelopment Analysis，简称 DEA）是一种常用的评价方法，可以用来评价高校科研团队的效率和绩效。DEA 方法基于线性规划的思想，通过比较各个团队的输入和输出指标，来评估其相对效率。

首先，确定评价高校科研团队的输入和输出指标。输入指标可以包括科研项目经费、人员数量等，输出指标可以包括科研成果数量、论文质量等。这些指标应该能够量化为数值。然后，将这些指标进行标准化，使其在同一量纲下进行比较。可以使用标准化方法，如最大最小标准化或者正态标准化。接下来，建立一个线性规划模型，以最大化输出指标为目标函数，同时满足输入指标的约束条件。通过求解这个线性规划模型，可以得到每个团队的相对效率评分。最后，根据相对效率评分的大小，可以确定每个科研团队的绩效水平。相对效率评分越高，表示团队的绩效越好。

通过 DEA 方法，可以对高校科研团队进行效率评价，并确定绩效较好的团队。这可以为高校科研团队的发展提供指导和参考。同时，DEA 方法还可以帮助团队找出改进的方向，提高效率和绩效。

2. 综合评判法

综合评判法是一种常用的多指标综合评价方法，可以用来评价高校科研团队的综合表现。其中，模糊综合评判法是一种常用的综合评判方法之一。

首先，确定评价高校科研团队的指标体系，包括科研成果数量、科研项目经费、科研论文质量等多个指标。每个指标都可以量化为一个数值。然后，对每个指标进行标准化处理，使其在同一量纲下进行比较。可以使用标准化方法，如最大最小标准化或者正态标准化。接下来，确定每个指标的权重，反映其在综合评价中的重要程度。可以使用主观评价、专家咨询或者层次分析法等方法来确定权重。然后，根据指标的权重和标准化后的指标值，计算每个团队的综合评分。可以使用加权求和或者加权平均等方法进行计算。最后，根据综合评分的大小，可以确定每个科研团队的综合表现。评分越高，表示团队的综合表现越好。

综合评判法可以综合考虑多个指标，更全面地评价高校科研团队的综合表现。通过该方法，可以为高校科研团队的发展提供指导和参考，并帮助团队找出改进的方向，提高综合表现。

3. TOPSIS 法

TOPSIS（Technique for Order of Preference by Similarity to Ideal Solution）是一种常用的多属性决策方法，可以用来评价高校科研团队的综合表现。首先，确定评价高校科研团队的指标体系，包括科研成果数量、科研项目经费、科研论文质量等多个指标。每个指标都可以量化为一个数值。然后，将这些指标的数值标准化，使其在同一量纲下进行比较。可以使用标准化方法，如最大最小标准化或者正态标准化。接下来，确定正理想解和负理想解。正理想解是指在每个指标上取最大值的情况，而负理想解则是在每个指标上取最小值的情况。计算每个科研团队与正理想解和负理想解之间的距离。距离可以使用欧氏距离或其他距离度量方法来计算。最后，根据距离的大小，可以确定每个科研团队与理想解的接近程度，从而进行综合评价。距离越小，表示团队越接近理想解，综合评价越好。通过 TOPSIS 方法，可以对高校科研团队进行综合评价，并确定绩效较好的团队。这可以为高校科研团队的发展提供指导和参考。

4. 360 度考核

360 度考核，也叫作 360 度反馈、全方位考核法，是由与被评价者联系密切的人分别对被评价者进行的匿名评价，具体指被评价者的同事、下属、上级等。同时，它还要求被评价者个人也对自己进行评价，达到 360 度全面评价的效果。最后，由专业人员根据有关人员对被评价者的评价，对比被评价者的自我评价向被评价者提供反馈，以帮助被评价者提高其能力和水平及业绩。与传统的考评方法相比，360 度反馈扩大了评价者的范围和类型，从不同层次的人员中搜集考评信息，从多个视角对被考评者进行综合考评，这大大提高了评价结果的客观性和全面性。

5. 层次分析法

层次分析法（Analytic Hierarchy Process，简称 AHP）是一种常用的多指标综合评价方法，可以用来评价高校科研团队的综合表现。

首先，确定评价高校科研团队的指标体系，包括科研成果数量、科研项目经费、科研论文质量等多个指标。每个指标都可以量化为一个数值。然后，构建一个层次结构模型，将指标体系划分为不同的层次，包括目标层、准则层和方案层。目标层表示评价的总体目标，准则层表示评价的准则或指标，方案层表示需要评价的科研团队。接下来，使用专家咨询或者问卷调查等方法，对每个层次的指标进行两两比较，确定它们之间的相对重要性。可以使用1—9的比较尺度，根据专家判断或者经验来进行比较。然后，利用比较矩阵，计算每个指标的权重。通过对比较矩阵进行特征向量的计算，可以得到每个指标的权重。最后，根据指标的权重和各个团队在每个指标上的得分，计算每个团队的综合评分。可以使用加权求和或者加权平均等方法进行计算。

根据综合评分的大小，可以确定每个科研团队的综合表现。评分越高，表示团队的综合表现越好。层次分析法可以综合考虑多个指标，并通过专家判断来确定指标的权重。通过该方法，可以为高校科研团队的发展提供指导和参考，并帮助团队找出改进的方向，提高综合表现。

6. 灰色关联方法

灰色关联方法是一种多指标综合评价方法，可以用来评价高校科研团队的绩效。具体步骤如下：

确定评价指标：根据高校科研团队的特点和目标，选择适当的评价指标，如科研成果数量、科研经费使用效率、科研项目质量等。

数据搜集：搜集高校科研团队的相关数据，包括各个评价指标的具体数值。

数据标准化：对搜集到的数据进行标准化处理，将不同指标的数据转化为无量纲的相对数值，以便进行比较和分析。

确定关联度序列：根据灰色关联方法的原理，计算各个指标之间的关联度。关联度越高，表示指标之间的关联性越强，绩效表现越好。

确定权重：根据高校科研团队的实际情况和重要性，确定各个指标的权重。权重越高，表示指标对绩效评价的贡献越大。

计算绩效评价值：根据关联度和权重，计算高校科研团队的绩效评价值。绩效评价值越高，表示科研团队的绩效越好。

绩效分析和改进：根据绩效评价值，对高校科研团队的绩效进行分析，找出存在的问题和不足之处，并提出改进措施和建议。

灰色关联方法是一种相对较简单的评价方法，它可以帮助评价高校科研团队的绩效，但并不能完全代替其他更为全面和深入的评价方法。因此，在实际应用中，可以结合其他评价方法和指标，综合考虑高校科研团队的各个方面绩效。

7. 自组织映射

自组织映射（Self-Organizing Map，SOM）是一种无监督学习的神经网络模型，可以用来评价高校科研团队的绩效。具体步骤如下：

数据准备：搜集高校科研团队的相关数据，包括科研成果数量、科研经费使用情况、科研项目质量等指标的具体数值。

数据标准化：对搜集到的数据进行标准化处理，将不同指标的数据转化为无量纲的相对数值，以便进行比较和分析。

神经网络建模：使用 SOM 模型构建评价模型。SOM 模型可以将多维数据映射到一个二维的神经网络空间中，形成一个特征映射图。每个神经元代表一个特征空间中的点，可以反映科研团队的绩效。

神经网络训练：使用搜集到的数据对 SOM 模型进行训练，通过调整神经元之间的连接权重，使得模型能够更好地反映高校科研团队的绩效特征。

绩效评价：利用训练好的 SOM 模型，将高校科研团队的数据输入模型中，观察每个神经元的激活情况。激活程度高的神经元代表绩效较好的科研团队。

绩效分析和改进：根据 SOM 模型的输出结果，对高校科研团队的绩效进行分析，找出存在的问题和不足之处，并提出改进措施和建议。

SOM 模型是一种无监督学习的方法，它可以帮助评价高校科研团队的绩效，但并不能完全代替其他更为全面和深入的评价方法。因此，在实际应用中，可以结合其他评价方法和指标，综合考虑高校科研团队的各个方面绩效。

第7章　高校科研团队战略性评价

7.1 战略管理理论与高校科研团队评价

7.1.1 战略管理理论概述

1. 基本概念

战略管理理论是一套系统性的管理方法和决策原则，旨在帮助组织在不断变化的环境中寻求竞争优势，实现长期的可持续发展。在高校科研团队评价中，战略管理理论是指导团队规划、决策和资源配置的重要工具，以适应科研发展的挑战与机遇。

2. 主要学者观点

迈克尔·波特（Michael E. Porter）：

迈克尔·波特是战略管理领域的著名学者，他提出了五力模型，该模型分析了产业内部的竞争关系以及产业外部的竞争威胁，帮助组织确定竞争优势和制定战略。在高校科研团队评价中，波特的五力模型可以用于分析团队在科研领域中的竞争地位和优势。

吉姆·柯林斯（Jim Collins）：

吉姆·柯林斯是管理学领域的知名学者，他在《从优秀到卓越》一书中研究了企业成功的关键因素。他认为，科研团队要取得卓越的成果，关键是要招聘优秀的科研人才，并构建高效的科研团队。

彼得·德鲁克（Peter F. Drucker）：

彼得·德鲁克是现代管理学的奠基人之一，他的管理思想对战略管理有着深远的影响。他强调科研团队要关注科研目标的实现，不断调整和改进战略，以适应变化的环境。

亨利·明茨伯格（Henry Mintzberg）：

亨利·明茨伯格是战略管理领域的重要学者，他提出了十个关于战略的学派，包括设计学派、计划学派、创业学派等。在高校科研团队评价中，可以借鉴明茨伯格的学派理论，探索适合团队的战略模式。

7.1.2 战略管理与高校科研团队发展

1. 战略管理对高校科研团队的重要性

战略是高校科研团队发展的指导方针和决策框架，它对团队的长期发展和持续创新至关重要。在科研竞争日益激烈、科技进步日新月异的时代，高校科研团队必须在充满变数和挑战的环境中，找到自身的优势和定位，才能实现科研成果的持续增长和卓越发展。

明确方向和目标：战略能帮助高校科研团队明确短期和长期的发展目标，确立科研方向，规划研究重点，从而集中团队资源，提高科研效率，避免资源的分散和浪费。

提升竞争力：战略管理使高校科研团队能够在激烈的竞争中找到自己的竞争优势，通过差异化战略和集聚化战略选择，实现科研成果的差异化和专业化，从而在学术界和产业界取得竞争优势。

适应变化：科研环境和学科发展都在不断变化，战略使高校科研团队能够敏锐地感知外部环境的变化，及时调整研究方向和资源配置，以适应不断变化的科研需求和社会发展的要求。

促进协同创新：战略管理鼓励高校科研团队内部成员之间的协作和合作，帮助团队建立良好的学术氛围和合作机制，促进协同创新，加强团队的整体创新能力。

资源整合与优化：战略管理使高校科研团队能够合理整合和优化资源，

包括科研人才、科研经费、设备和实验室等，从而提高资源的利用效率，增强科研团队的综合实力。

2. 战略管理视角下的高校科研团队目标设定与资源配置

高校科研团队在战略管理视角下的目标设定和资源配置需要综合考虑内外部环境因素。在确定科研目标时，需要与学校的科研发展战略相一致，同时还要考虑学科的发展趋势和社会需求。目标设定应该具有挑战性和可衡量性，既要鼓励团队成员积极投入，又要确保目标的实现性。战略管理理论强调资源的有效配置，高校科研团队在评价中需要合理配置资源，以确保科研目标的实现。资源配置应基于团队成员的专业特长和科研能力，将资源投入具有战略意义和市场前景的科研项目上。同时，要注重资源的共享和整合，鼓励团队成员之间的协作和交流，提高资源利用效率。

高校科研团队在战略管理视角下的目标设定和资源配置需要考虑多方面因素，包括学校战略发展规划、团队的专业特长与实力以及科研领域的发展趋势。下面通过表7-1来总结这些因素：

表7-1　战略性影响因素

因素	考虑内容
学校战略发展规划	与学校科研方向和优势学科的对接情况
	团队在学校战略中的定位和地位
团队专业特长与实力	团队成员的学术背景、专业特长和科研能力
	团队过往的科研成果和声誉
科研领域的发展趋势	当前科研领域的热点和前沿
	学术期刊和科研项目的发展趋势

基于以上因素的分析，高校科研团队可以明确目标设定和资源配置的方向，制订战略计划，提高团队的科研绩效。

7.1.3 国内外高校科研团队战略发展案例

1. 国内高校科研团队战略发展案例

（1）清华大学计算机视觉与模式识别实验室。清华大学计算机视觉与模式识别实验室是中国领先的计算机视觉研究团队，由李飞飞教授领衔。该团队在计算机视觉和深度学习领域取得了多项重要的科研成果，如人脸识别、目标检测和图像生成等。团队通过差异化战略，致力于探索前沿技术和解决实际应用问题，取得了在国际学术界的广泛影响。

（2）复旦大学海洋地质与环境重点实验室。复旦大学海洋地质与环境重点实验室是著名的地学研究团队，由王功友教授领衔。该团队在海洋地质、环境变化等领域开展了多项重要的科研项目，尤其在深海矿产资源勘探和环境保护方面取得了突破性进展。团队通过集聚化战略，整合了复旦大学在地学领域的优势资源，形成了一个协同创新的研究团队。

（3）北京大学量子材料科学研究中心。北京大学量子材料科学研究中心是国内领先的量子材料研究团队，由许多知名学者共同组成。该团队致力于量子材料的设计、合成和性能研究，在新型材料领域取得了多项重要突破。团队通过差异化战略，聚焦于量子材料研究，通过合理资源配置和协同创新，推动了该领域的科研进展。

2. 国外高校科研团队战略发展案例

（1）麻省理工学院人工智能实验室。麻省理工学院人工智能实验室是全球领先的人工智能研究团队，由多位杰出学者和科学家共同组成。该实验室在机器学习、自然语言处理、机器人技术等领域取得了众多重要突破，深刻影响了全球人工智能的发展。实验室通过差异化战略，专注于探索具有前瞻性的研究方向，并通过吸引全球优秀科研人才，形成了高水平的科研团队。

（2）斯坦福大学生物科学研究所。斯坦福大学生物科学研究所是美国知名的生物科研团队，会聚了众多著名的生物学家和科学家。该研究所在基因组学、蛋白质组学、细胞生物学等领域取得了许多重要发现，对生命科学的发展作出了巨大贡献。研究所通过集聚化战略，整合了斯坦福大学在生命科学领域的顶尖资源，建立了一个协同创新的研究团队。

这些国内外高校科研团队的例子充分展示了战略在高校科研团队发展中的重要性。这些团队通过明确战略目标，采取差异化和集聚化的战略选择，并通过 SWOT 分析等战略管理工具的应用，不断优化资源配置和协同创新，取得了在各自领域的卓越成就，为高校科研团队的评价和发展提供了有益启示。

7.2 高校科研团队战略性评价主要内容

高校科研团队战略性评价分为：

（1）战略选择性评价。主要评估科研团队在战略选择上的合理性，是否选择了差异化战略、整合战略等适合的发展战略。

差异化战略评估是评估团队是否选择了明确的差异化定位，形成了独特的优势；整合战略评估是评估团队是否通过整合资源，形成了规模优势。

（2）战略可行性评价。评估科研团队战略方向的合理性，是否紧跟国家战略需求、社会发展方向等。可以重点评价：

- 战略方向上是否具备相关的技术能力和人才优势。
- 战略方向是否符合学科发展趋势和社会需求。
- 战略方向上取得进展的难易程度和前景预期。
- 战略方向的资金保障情况和资源配备是否充足。
- 战略方向是否符合国家相关政策的支持和鼓励。
- 战略方向上与其他院校存在的差异化程度。
- 战略方向的预期效果和产出是否具有市场前景。

（3）战略协同性评价。评估科研团队之间是否形成有效的协同合作。评估团队之间在资源共享、项目合作等方面的协同程度，评估跨学科、跨单位团队的协同合作成效。

（4）战略可持续性评价。评估科研团队的可持续发展能力。评估团队在人才培养、机制建设等方面的可持续发展能力，包括长期发展潜力、资源可持续利用、环境可持续性等，以确保战略的长期有效性。评估团队战略执行过程中的持续控制和优化能力。

7.2.1 战略选择性评价

1. 基于 SWOT 分析的战略选择：差异化和集聚化

差异化战略选择理论强调团队通过创造性和独特性来获得竞争优势，高校科研团队应该找到与其他团队的差异化点，开展独特的科研方向和课题，从而在科研领域中脱颖而出。

集聚化战略选择理论着重强调团队通过集中优势资源，形成具有规模效应和专业化的核心竞争力。在高校科研团队评价中，要考虑学校战略发展规划、团队的专业特长与实力以及科研领域的发展趋势，以明确目标设定和资源配置的方向，实现科研团队的长期可持续发展。

SWOT 分析是战略管理中常用的分析工具，它通过对组织内部的优势（Strengths）和劣势（Weaknesses），以及外部的机会（Opportunities）和威胁（Threats）进行综合评估，帮助组织确定战略的方向和重点。在高校科研团队评价中，差异化和集聚化的战略选择可以通过 SWOT 分析来支持：

（1）差异化战略选择

优势（Strengths）：科研团队的核心竞争力和独特优势，例如拥有顶尖科研人才、领先的技术平台或专业学科。

机会（Opportunities）：外部环境中团队可以利用的有利条件，例如政策支持、行业发展趋势或合作机会。

通过分析优势和机会，团队可以发现自身的差异化优势，确定具有市场潜力的科研方向，并制定战略来利用机会，加强差异化竞争。

（2）集聚化战略选择

弱势（Weaknesses）：科研团队内部存在的不足和问题，例如缺乏核心技术、资源短缺或组织协同不畅。

威胁（Threats）：外部环境中可能对团队产生负面影响的因素，例如竞争加剧、政策变化或市场风险。

通过分析弱势和威胁，团队可以识别问题并寻求积聚优势的机会，通过整合资源和合作，增强团队的抵御能力。

2. 战略选择性评价维度

（1）差异化战略评价

· 评价团队是否选择了明确的差异化发展方向。

· 评价差异化定位是否突出团队的独特优势。

· 评价差异化策略是否形成了有效的核心竞争力。

（2）整合战略评价

· 评价团队是否采取适当的整合方式。

· 评价整合后是否形成规模效应和协同效应。

· 评价整合是否提升了综合实力和核心竞争力。

（3）前瞻性战略评价

· 评价团队战略是否考虑未来发展趋势。

· 评价战略是否符合国家战略需求。

· 评价战略是否关注前沿领域发展动向。

（4）灵活性战略评价

· 评价战略是否具有调整空间。

· 评价战略执行过程是否灵活权变。

· 评价战略优化和更新的频率是否合理。

7.2.2 战略可行性评价

随着科学技术的不断进步和社会需求的不断演变，高校科研团队的研究方向选择变得愈发关键。本部分将综合考虑科学性、实际应用价值、市场需求、团队成员能力等因素，从多个角度评价高校科研团队研究方向的可行性。

随着社会的快速发展，高校科研团队的研究方向选择不仅关乎学术领域的进步，更影响着科研成果的转化和社会价值的实现。因此，对高校科研团队的研究方向进行可行性评价显得尤为重要。在评价过程中，我们将借助专家和教授的观点，结合表格分析，全面探讨研究方向的可行性。

可行性评估是对高校科研团队发展计划或项目的可行性进行系统评估和分析的过程。它涉及多个维度的考虑，包括技术、经济、市场、人力资源等，旨在判断科研团队的发展方案是否能够在现实条件下成功实施。高校科研团队的可行性评估具有重要意义，它有助于科研团队决策者明确了解发展方案的潜在风险和机遇，从而作出科学合理的决策。通过对多个因素进行评估，可以避免将大量资源和精力投入不切实际的方案中。

1. 研究方向的科学性评估

科研的核心在于创新，科学性是选择研究方向的首要条件。专家们认为，科学性的评估需要考虑研究方向是否与当前科学前沿接轨，是否具有独特的研究思路。教授张明认为："我们所选择的研究方向应当能够在学术界引起关注，有望填补已有研究的空白。"通过文献综述和专家讨论，可以综合判断研究方向是否具备科学性。

表7-2　研究方向科学性评估

指标	评价标准	评价结果
与科学前沿接轨	是否与当前重要领域的最新研究成果相一致	是 / 否
创新性	是否具备独特的研究思路和方法	是 / 否
填补空白	是否能够填补学术领域已有研究的空缺	是 / 否

2. 实际应用价值评估

研究方向不仅需要在学术领域有价值，更要具备实际应用潜力。研究的成果最终要为社会创造价值，具备实际应用意义才能更好地满足人们的需求。通过与产业界的合作，可以更好地了解研究成果的应用前景。同时，建立技术转移机制，将研究成果转化为实际产品或服务，为科研方向的可行性提供支持。

表7-3　实际应用价值评估

指标	评价标准	评价结果
应用潜力	是否能够解决实际问题或满足市场需求	是 / 否 / 分数
转化可能性	是否具备商业化或产业化的可能性	是 / 否 / 分数
社会价值	研究成果是否能够为社会创造实际价值	是 / 否 / 分数

3. 市场需求和趋势分析

选择的研究方向是否符合市场需求是科研方向可行性的重要因素之一。我们需要密切关注市场的变化和趋势，以便及时调整研究方向。专家们建议通过市场调研，了解相关领域的市场需求和发展趋势。同时，分析竞争态势，避免选择过于饱和的领域，以确保科研成果能够脱颖而出。

表7-4　市场需求和趋势分析

指标	评价标准	评价结果
市场需求	是否符合当前和未来市场的实际需求	是 / 否 / 分数
发展趋势	是否与相关领域的发展趋势相符合	是 / 否 / 分数
竞争态势	是否存在激烈的竞争环境	是 / 否 / 分数

4. 团队成员的能力评估

"团队成员的能力对于科研方向的选择和发展至关重要。团队成员的背景和技能决定了研究方向的深度和广度。"在评估团队成员能力时，需要综合考虑其专业知识、经验、创新能力等方面。如果团队成员之间具备互补的能力，将更有助于开展多领域合作，提升研究方向的可行性。

表7-5 团队成员能力评估

指标	评价标准	评价结果
专业知识	是否具备从事研究方向所需的专业知识	是 / 否 / 分数
创新能力	是否具备开展创新研究的能力	是 / 否 / 分数
团队合作	团队成员之间是否能够合作，能力互补	是 / 否 / 分数

5. 资源支持和技术条件分析

研究方向的开展需要充足的资源支持和适当的技术条件。充足的资源和技术条件是科研的基石，也是确保研究方向可行性的保障。在评估阶段，需要考虑团队在人力、资金、设备等方面的支持情况，同时分析所需技术设施和实验条件是否满足要求。

表7-6 资源支持和技术条件分析

指标	评价标准	评价结果
人力资源	是否有足够的团队成员支持研究方向的开展	是 / 否
资金支持	是否有足够的经费支持研究方向的开展	是 / 否
技术设施	是否具备开展研究所需的实验设备和技术条件	是 / 否

6. 风险评估和应对策略

在评估研究方向可行性时，必须识别潜在的风险和障碍。专家组认为，风险评估需要考虑技术风险、市场风险等方面。针对不同的风险，应制定相应的应对策略，以降低风险对团队发展的影响。制订风险应对计划，并随时调整，以应对不断变化的环境。

表 7-7　风险评估和应对策略

风险类型	潜在风险	应对策略
技术风险	技术难题可能导致研究进展缓慢	加强技术研发
市场风险	市场需求变化可能导致成果无法应用	多元化应用
竞争风险	竞争对手可能影响研究成果的影响力	强化宣传推广

通过对高校科研团队研究方向可行性的综合评价，我们得出了以下结论：所选研究方向具备科学性，有望填补领域空白；具备实际应用价值，有望转化为实际产品；符合市场需求和趋势，但需注意竞争态势；团队成员具备丰富的能力，能够有效合作；获得了充足的资源支持和技术条件；制定了有效的风险应对策略，降低了潜在风险。

综合以上评价，结合图表分析，全面探讨了研究方向的科学性、实际应用价值、市场需求、团队成员能力等多个方面，为科研团队的研究方向选择提供了指导和决策依据。虽然有时我们对该研究方向的可行性持乐观态度。然而，为了确保研究方向的顺利发展，团队需要密切关注市场变化，不断优化技术，提升团队的整体实力。希望通过评价研究，为高校科研团队未来的发展提供有益的指导和建议。

7.2.3 战略协同性评价

1. 基本概念

协同理论是指不同个体或团队之间通过合作、共享信息和资源，共同完成一个任务或目标的过程。该理论最早由加拿大心理学家乔瑟夫·鲍伊于1965年提出，后来由美国社会学家理查德·哈克曼等人进一步发展和完善。协同理论强调团队成员之间的协作与合作，通过充分利用各自的专业特长和资源，形成协同创新的合力，提高科研绩效和创新能力。

高校科研团队评估应该综合考虑战略管理和协同理论，强调团队成员之间的协作与合作，促进团队的创新和发展。

建立良好的团队文化和学术氛围，建立有效的激励和奖励制度，是促进团队协同创新的重要途径。

高校科研团队的协同创新需要注重团队成员之间的信息共享和沟通，以及资源的整合和优化，从而形成协同创新的动力。

2. 协同理论在高校科研团队评估中的应用

协同理论在高校科研团队评估中具有重要的应用价值。科研团队通常由多个研究人员组成，每个人员都具有独特的专业知识和技能。协同理论指导团队成员之间的协作方式，促进资源的共享和整合，增强团队的创新能力和绩效。

在高校科研团队评估中，协同理论的应用主要包括以下几个方面：

（1）信息共享与团队沟通

科研团队成员之间的信息共享和沟通是协同创新的基础。团队成员应该定期进行交流，分享自己的研究进展、成果和问题，从而促进知识的交流和碰撞。高校科研团队评估需要考察团队成员之间的沟通和合作情况，以评估团队的协同效率和团队氛围。

（2）资源整合与优化

协同理论鼓励团队成员之间充分利用各自的资源和优势，形成资源的整合和优化。在高校科研团队评估中，需要考察团队成员之间的资源共享情况，包括科研经费、设备和实验室等。通过资源的合理整合和优化，可以提高团队的科研效率和绩效。

（3）目标一致性与任务分工

协同理论强调团队成员之间的目标一致性和任务分工。在高校科研团队评估中，需要考察团队成员之间是否有明确的研究目标和任务分工。团队成员应该明确各自的职责和角色，共同为团队的研究目标努力，确保团队的科研活动有序进行。

（4）协同创新机制与团队绩效提升

协同创新机制是指通过建立合理的组织结构和激励机制，促进团队成员之间的协作和合作，提高团队的绩效和创新能力。在高校科研团队评估中，协同创新机制的建立和运行对于团队的发展至关重要。

强调团队文化和学术氛围。高校科研团队应该强调团队文化和学术氛围的建设。团队文化是指团队共同的价值观和行为准则，学术氛围是指团队成员之间积极的学术交流和合作氛围。团队成员应该共同维护团队的文化和氛围，营造良好的团队氛围，促进学术成果的共享和合作。

激励和奖励制度。高校科研团队评估需要考虑激励和奖励制度的建立。激励和奖励制度可以有效地激发团队成员的积极性和创造性，鼓励团队成员之间的合作和协作。在高校科研团队评估中，需要考察团队的激励和奖励机制，以评估团队的绩效和创新能力。

多学科交叉和合作。协同创新机制强调多学科交叉和合作。高校科研团队通常由多个学科的研究人员组成，团队成员之间应该鼓励跨学科的合作和交流。在高校科研团队评估中，需要考察团队成员之间的学科交叉和合作情况，评估团队的综合创新能力。

3. 协同理论与高校科研团队评估的现实逻辑和层次

协同理论和战略管理理论在高校科研团队评估中相辅相成，共同构建了科研团队的评估体系。协同理论强调团队成员之间的协作与合作，通过充分利用各自的专业特长和资源，形成协同创新的合力。而战略管理理论则着眼于团队整体的目标设定和资源配置，指导团队的发展方向和战略选择。这两个理论相互融合，为高校科研团队的评估提供了全面的指导。

在高校科研团队评估的实际操作中，可以建立多层次的评估体系。首先，从团队内部成员之间的合作和协作情况入手，考察团队的学术氛围和团队文化。其次，从团队的战略目标和资源配置入手，评估团队的发展方向和战略选择。然后，结合团队的科研成果和绩效，对团队的协同创新能力进行综合评估。最后，可以参考国内外高校科研团队的成功经验，借鉴其协同发展的模式和机制，为高校科研团队的评估和发展提供参考。

协同理论在高校科研团队评估中具有重要的应用价值。通过强调信息共享、资源整合、目标一致性和互动合作，协同理论引导团队成员之间形成紧密的合作关系，提高团队的创新能力和绩效。同时，协同创新机制的建立和运行对于团队的发展至关重要，强调团队文化和学术氛围的建设，建立激励和奖励制度，促进多学科交叉和合作，有助于提升团队的绩效和创新水平。在实际评估过程中，建议建立多层次的评估体系，参考国内外高校科研团队的成功经验，为高校科研团队的评估和发展提供更为科学有效的指导。

4. 高校科研团队协同性评估

协同性是高校科研团队发展的核心要素之一，团队成员之间的协同合作能力对于科研成果的创新和质量产生深远影响。协同性在团队合作中的主要体现：

信息共享与传递：团队成员之间应保持信息共享的畅通，促进知识和经验的流动，避免"信息孤岛"，确保每位成员都能从团队中获益。

协调与沟通：团队成员之间的协调和沟通能力决定了任务分工的高效性，有效的沟通有助于避免冲突，减少误解，从而提高团队整体工作效率。"在团队合作中，成员之间的协调和沟通是至关重要的，要建立一个有效的信息传递渠道，促进成员之间的交流。"

任务分工与协同：明确的任务分工和角色划分能够保证团队成员在合适的领域发挥优势，避免重复劳动，提高工作效率。"任务分工应根据成员的专业背景和技能进行合理划分，从而发挥各自的优势，形成合力。"

目标共识与价值观一致：团队成员应共同认同团队的目标和愿景，确保在追求共同目标的过程中能够保持一致，避免分歧和分裂。"团队的协同性需要建立在共同目标的基础上，团队成员要有共识，共同努力，才能取得更好的协同效果。"

表7-8 不同维度下的协同性指标及其评价情况

维度	指标	评价情况
信息共享与传递	内部沟通频率和渠道的多样性	预期达到情况
	团队成员对于信息共享的积极性	预期达到情况
协调与沟通	团队成员之间解决问题的速度和效率	预期达到情况
	沟通方式的适应性和效果	预期达到情况
任务分工与协同	任务分工是否明确	预期达到情况
	协同工作的协调性和高效性	预期达到情况
目标共识与价值观	团队成员对于团队愿景的认同程度	预期达到情况
	价值观一致性对于团队合作的影响	预期达到情况

高校科研团队的协同性评估涵盖了信息共享、协调沟通、任务分工、目标共识等多个维度，这些方面共同构成了团队协同的要素。协同性的良好体现可以有效提高团队的创新能力和工作效率，推动科研成果的产出和转化。通过综合的指标体系和专家观点，高校可以更好地评估团队的协同性，并采取相应的措施来提升团队的协同合作能力。

7.2.4 战略可持续性评价

1. 可持续性评估融入战略评估

在高校科研团队的发展中，战略与可持续性评估相辅相成，相互影响。战略评估考虑了团队的长期目标和规划，而可持续性评估则关注团队是否能够长期保持稳定的发展。下面将介绍战略评估与可持续性评估的关系及其相互补充的作用。

战略评估与可持续性评估是高度关联的，相互促进、相互支持的关系。

在制定科研团队的发展战略时，需要充分考虑团队的可持续性，确保战略方向的选择能够在长期内支持团队的稳定发展。同时，在进行可持续性评估时，也应该将团队的战略规划纳入考虑，以确保团队的长期目标和规划得到有效实施。

战略评估中融入可持续性考虑的重要性：

长远规划与目标一致性：战略评估要求科研团队明确长期发展目标和规划，而可持续性评估能够验证这些目标是否能够在长期内得以实现，从而确保规划的可行性。

智能资源分配：在战略评估中，科研团队需要合理分配资源以实现目标。可持续性评估可以分析资源分配的长期影响，避免短期决策对团队可持续性造成损害。

环境适应能力：战略评估时需要考虑外部环境的变化。可持续性评估可以帮助团队了解自身在不同环境下的适应性，从而制定更具弹性的战略规划。

表7-9 战略评估与可持续性评估之间的交互作用

战略评估	可持续性评估
制定长期发展目标和规划	评估目标和规划的长期可行性
资源分配决策，支持目标实现	分析资源分配对团队长期发展的影响
考虑外部环境变化，制定应对策略	评估团队在不同环境下的适应能力
确定创新和合作策略	考察团队的创新能力和合作潜力
风险管理，制定应对措施	预警团队可能面临的风险，并提出规避策略

通过综合考虑战略评估和可持续性评估的因素，高校科研团队可以更好

地制定长远发展规划，同时保障团队在实现战略目标的过程中能够持续、稳定地发展。这种综合性评估不仅有助于提高团队的创新和竞争力，也能够为科研团队的可持续成功奠定坚实基础。

2. 可持续性评估基本概念

高校科研团队的可持续性评估是对科研团队长期发展的可持续性进行分析和评价的过程。它关注团队是否能够在长期内保持稳定的发展，实现科研成果持续输出，吸引人才和资源，适应环境变化。

高校科研团队的可持续性是科研发展的关键因素之一。评估科研团队的可持续性有助于发现潜在的问题和风险，采取措施进行改进，从而确保科研团队能够在不断变化的环境中保持健康发展。

3. 可持续性评估的维度

高校科研团队的可持续性评估有助于保障团队在长期内的稳定发展。通过评估研究方向的适应性、人才引进与培养、科研成果产出、资源投入与管理等维度，可以为团队提供改进和优化的方向。在进行高校科研团队的可持续性评估时，可以从以下维度进行考虑：

研究方向适应性：团队的研究方向是否能够适应科研领域的发展趋势和社会需求。

人才引进与培养：团队是否能够吸引和培养高水平的研究人才，确保人才队伍的持续更新和壮大。

科研成果产出：评估团队的科研成果数量和质量，以及是否能够持续产出具有影响力的成果。

资源投入与管理：团队的经费、设备、实验室等资源投入是否得到合理管理和保障。

合作与交流：团队是否能够积极参与国际合作、学术交流，保持与外部的紧密联系。

表7-10　高校科研团队可持续性评估的维度及其相关内容

维度	相关内容
研究方向适应性	研究方向与领域发展趋势的契合程度、是否具备创新性
人才引进与培养	引进高水平人才、学生培养、人才流失情况
科研成果产出	发表论文数量和影响力、专利申请、科研项目成果转化
资源投入与管理	经费、设备、实验室等资源的合理配置和管理
合作与交流	国际合作、学术交流和合作、团队与行业、社会的联系

通过综合分析上述维度，可以形成全面的高校科研团队可持续性评估报告，为科研团队的长期发展提供指导和支持。

第8章 高校科研团队战略性选择与发展案例

8.1 国内高校科研团队案例

高校科研团队作为国家科技创新和社会进步的主要力量之一，其战略性绩效评价是保障团队可持续发展的关键。本部分将通过多个高校科研团队的案例分析，探讨其战略差异性、独特性、特殊性和研究集聚性、拓展性等方面的特点，以及对战略性绩效评价的启示和借鉴。旨在为高校科研团队的战略发展提供有益的经验和参考。

8.1.1 南京信息工程大学案例

战略聚焦：大气科学、环境生态学、信息工科。

取得成就：大气科学领域"冠军"，环境生态学"巨人"，信息工科国内一流。

在南京信息工程大学的学科建设中，战略聚焦是一个重要的方向。学校通过明确学科发展目标和定位，制订了战略规划和实施方案，以确保学科建设的高质量和高水平。战略聚焦意味着学校将资源和精力集中在大气科学、环境生态学和信息工科等重点学科上，以提升学科的竞争力和影响力。

在大气科学学科中，南京信息工程大学致力于成为世界一流学科，通过引进和培养一流的师资队伍，建设一流的实验室和研究平台，开展前沿的科学研究和技术创新，取得了一系列的重要成果。这使得学校在大气科学领域成为"冠军"，引领国内外的研究和发展。

在环境生态学科中，学校将其列为国际先进行列，意味着在环境保护和生态文明建设方面，学校具有较高的学术水平和影响力。通过开展环境保护和生态研究，推动环境政策的制定和实施，学校在环境生态学科领域成为巨人，为生态文明建设作出了重要贡献。

在信息工科学科中，学校致力于建设国内一流学科，为国防、江苏和气象行业提供服务。通过培养高水平的信息工科人才，开展前沿的信息技术研究和应用，学校在信息工科学科领域取得了显著的成就，成为"巨人"。学校的信息工科学科为国防建设提供了重要支持，为江苏省的信息产业发展作出了贡献，并为气象行业的现代化发展提供了技术支持。

综上所述，南京信息工程大学在大气科学、环境生态学和信息工科等学科领域形成了战略聚焦，取得了某一领域"冠军"和"小巨人"的成就，为学科建设体系的形成和发展作出了重要贡献。

8.1.2 聊城大学太平洋岛国研究中心案例

差异化研究：重视岛国的地缘政治、安全合作、区域一体化。

成为智库：为中国与太平洋岛国合作提供支持。

聊城大学太平洋岛国研究中心在选择研究方向时，注重战略发展和差异化。该研究中心致力于深入研究太平洋岛国的政治、经济、社会、文化等方面的问题，旨在为中国与太平洋岛国的合作提供理论支持和政策建议。

在战略发展方面，该研究中心关注太平洋岛国的地缘政治、安全合作、区域一体化等重要议题。通过对太平洋岛国的地缘政治格局和国际关系进行深入研究，为中国制定与太平洋岛国的合作战略提供指导。同时，该研究中心还关注太平洋岛国的安全合作，特别是在海洋安全、气候变化等领域的合作，以推动太平洋岛国地区的和平与稳定。此外，该研究中心还关注太平洋岛国的区域一体化进程，研究太平洋岛国与其他地区的经济合作与发展模式，为太平洋岛国的区域一体化进程提供支持。

在差异化方面，该研究中心注重对太平洋岛国的多样性和特殊性进行研究。太平洋岛国由于地理位置和历史文化等因素的影响，各国之间存在很大差异。该研究中心通过深入研究太平洋岛国的历史、文化、社会等方面的差异，帮助中国了解太平洋岛国的国情和民情，为中国与太平洋岛国的交流合作提供更加精准和有效的指导。

通过战略发展和差异化的研究选择，聊城大学太平洋岛国研究中心致力于成为国内外太平洋岛国研究的重要智库，为中国与太平洋岛国的合作提供智力支持和战略指导。

8.1.3 临沂大学地质与古生物研究所案例

独特性：世界级化石收藏，高水平团队，顶尖研究成果。

提升学术地位：对提高学校排名作出重要贡献。

临沂大学地质与古生物研究所在研究领域具有独特性，主要体现在以下几个方面：

古生物收藏：研究所拥有世界级的古生物收藏，其中早期鸟类及带毛恐龙标本为世界首屈一指。这些珍贵的化石标本为研究所的科研工作提供了宝贵的资源，使研究人员能够深入探索生命演化的关键问题。

研究团队优势：研究所的研究团队由一批具有丰富经验和专业知识的教授和博士组成，其中包括国家杰出青年科学基金获得者张福成教授等学术带头人和骨干成员。他们在古生物学领域具有较高的学术声誉和研究实力，为研究所的科研工作提供了坚实的支持。

研究成果：研究所在鸟类起源、飞行起源及羽毛起源等生命演化关键问题的研究上取得了一些较高水平的研究成果。多篇发表在 *Nature* 或 *Science* 等国际知名学术期刊上的论文凸显了研究所在该领域的研究优势和影响力。

学术排名：临沂大学地质与古生物研究所的研究成果对临沂大学的学术排名 ESI 起到了重要贡献。在全国高校"艾瑞深 CNS"排行榜中，临沂大学近些年所获得的成绩，其贡献全部来自该研究团队。这进一步凸显了研究所在学术研究方面的突出地位。

综上所述，临沂大学地质与古生物研究所凭借其独特的研究资源、优势团队和卓越成果，在古生物学领域具有显著的竞争力和影响力。这将有助于提升临沂大学在综合地位，进一步凸显研究所的学术实力和影响力。

8.1.4 北京大学的综合学科优势案例

综合性优势：文史哲和理工农医学科均具备优势。

国际合作：与全球顶尖高校开展合作与交流。

北京大学作为中国著名的综合性大学，其科研团队呈现出独特的综合学科优势。学校以文、史、哲等人文社科学科为特色，同时在理、工、农、医等自然科学学科也有卓越表现。本部分将分析北京大学科研团队的学科优势和协同发展，探讨其在战略性绩效评价中的特殊性和独特性。

学科布局与优势

北京大学的学科布局涵盖了人文社科、自然科学、工程技术、医学等多个学科领域，形成了综合性、多样化的学科优势。截至 2021 年，北京大学共设有 63 个学科类别，在 QS 世界大学学科排名中，涵盖了 48 个学科的排名进入全球前 100 名，其中 12 个学科排名进入全球前 50 名，显示出学校在多个学科领域的竞争力和影响力。

在人文社科学科领域，北京大学一直以来都具有独特的优势。学校拥有一批国内外知名的历史、文学、哲学、经济学等学者，其学术成果在国内外学术界有很高的声誉。例如，北京大学历史学科在国内一直位于领先地位，其历史文化研究中心在中国历史学研究领域具有广泛的影响力。

在自然科学学科领域，北京大学在物理学、化学、生物学等学科也取得了显著的成就。学校拥有一批杰出的自然科学学者，积极推动前沿科学研究。例如，北京大学物理学科在量子物理、凝聚态物理等方面具有一定的研究优势，其物理学实验室在超导体和低温物理研究方面取得了一系列重要成果。

学术研究与成果

北京大学科研团队在学术研究和成果方面表现突出。学校教师团队中有多位院士、国家杰出青年科学基金获得者等，形成了一支高水平的科研团队。根据学校科研报告，截至 2021 年，学校共发表学术论文数超过 6 万篇，其中

SCI收录论文近3万篇，论文引用次数超过100万次。在自然科学、社会科学、医学、工程技术等领域都取得了一系列重要的研究成果。

北京大学学术论文的发表数量自2010年以来呈现逐年增长的趋势。尤其在近五年的时间里，学术论文的发表数量明显增加，说明学校在科研产出方面取得了较为显著的进展。

国际合作与交流

北京大学积极开展国际化合作与交流，加强与世界一流大学和科研机构的合作关系。截至2021年，学校与美国、英国、德国、澳大利亚等国家的大学和科研机构签署了近200个合作协议。学校吸引了一大批国际知名学者来校讲学、交流和合作研究。例如，学校与哈佛大学、剑桥大学等建立了长期的学术合作项目，共同开展了一系列跨国学术研究。

科研平台与实验室

北京大学在科研平台建设方面投入了大量资源，建立了一批国际领先的科研实验室和平台。截至2021年，学校共建有17个国家级重点实验室，包括国家重点实验室、国家工程实验室、国家工程研究中心等。这些实验室为学校的科学研究提供了先进的科研设备和条件。

成果转化与应用

北京大学重视科研成果的转化与应用，鼓励学者将研究成果转化为实际应用，为经济社会发展作出贡献。学校设立了科技成果转化中心，提供专业的技术转移服务。例如，学校的一些科研成果已经成功转化为实际产品，如高性能计算机、新型材料等，为国家的经济建设和科技进步作出了积极贡献。

人才培养与团队建设

北京大学注重人才培养和团队建设，鼓励年轻教师积极参与科研工作，并为其提供良好的科研环境和条件。学校设立了多项科研基金和奖励计划，激励教师积极开展科研活动。学校还鼓励教师参与国际学术交流和合作，提高其国际化水平。

表8-1　北京大学的突出的学术研究与成果

学科领域	突出研究成果
历史学	中国古代社会制度研究
物理学	量子纠缠与量子通信
生物学	基因编辑技术及其应用
信息科学与技术	人工智能与大数据分析
环境科学与工程	环境治理与污染防控

8.1.5 清华大学的高水平科研平台案例

科研平台：拥有一流国家重点实验室等平台。

学术成果：数量高、质量佳，引文次数多。

清华大学作为中国顶尖的科技大学，其科研团队在高水平科研平台的建设上具有显著的优势。学校秉承"自强不息，厚德载物"的校训，坚持科学研究的导向，致力于为国家和社会的发展作出重要贡献。本部分将分析清华大学在高水平科研平台建设方面的经验和成就，探讨其对战略性绩效评价的影响。

突出的科研实验室

清华大学在科研平台建设方面投入了大量资源，建立了一批突出的科研实验室，为科学研究提供了强大的支持。这些实验室不仅拥有先进的科研设备和技术，还聚集了一批国内外顶尖的科研人才。例如，清华大学拥有国家重点实验室、国家工程实验室、国家工程研究中心等一系列国家级科研平台。其中，国家重点实验室占据着重要的地位，它们在自然科学、工程技术、信息科学等领域取得了一系列重要的研究成果。

表 8-2 清华大学国家重点实验室

实验室名称	研究领域	建立时间
国家微纳中心	微纳电子学、纳米技术	1985 年
国家人工智能开放研究院	人工智能	2017 年
国家大学科技园研究院	科技园建设与管理	2005 年

学术研究与成果

清华大学科研团队在学术研究和成果方面表现突出。学校教师团队中有多位院士、国家杰出青年科学基金获得者等，形成了一支高水平的科研团队。根据学校科研报告，截至 2021 年，清华大学共发表学术论文数超过 7 万篇，其中 SCI 收录论文近 3.5 万篇，论文引用次数超过 150 万次。在自然科学、工程技术、信息科学等领域都取得了一系列重要的研究成果。

表 8-3 清华大学突出研究成果

学科领域	突出研究成果
电子工程	集成电路技术研究
计算机科学与技术	人工智能与大数据分析
化学	新型材料合成与应用

国际合作与交流

清华大学积极开展国际化合作与交流，加强与世界一流大学和科研机构的合作关系。截至 2021 年，学校与美国、英国、德国、日本等国家的大学和科研机构签署了近 300 个合作协议。学校吸引了大量国际知名学者来校讲学、交流和合作研究。例如，学校与麻省理工学院、斯坦福大学等建立了长期的学术合作项目，共同开展了一系列跨国学术研究。

表8-4　清华大学国际合作

合作机构	合作领域	合作形式
麻省理工学院	工程科学、人工智能	联合研究项目
德国马普学会	物理学、化学	学术交流与研讨
英国剑桥大学	文化遗产保护、建筑学	学者互访与研究合作

成果转化与应用

清华大学重视科研成果的转化与应用，鼓励学者将研究成果转化为实际应用，为经济社会发展作出贡献。学校设立了科技成果转化中心，提供专业的技术转移服务。截至2021年，学校共转化科技成果1000余项，其中涵盖了新材料、新能源、信息技术等多个领域。这些科技成果的转化和应用在推动产业升级、促进经济发展、改善社会福祉等方面发挥了积极的作用。

清华大学在航天领域的研究成果得到了成功的转化和应用。该校的科研团队研发了一种新型材料，在航天器的结构和外壳中得到了广泛应用。该材料具有轻质、高强度、耐高温等优良性能，为航天器的研制和发射提供了可靠的保障。

战略性绩效评价与持续发展

清华大学高度重视科研平台的建设和学术成果的质量。为确保科研团队的高水平表现，学校设立了科研评估委员会，定期对科研平台和团队进行绩效评估和考核。这些评估结果将作为学校科研项目的立项和资助的重要依据，为优秀团队提供更多的支持和资源。同时，学校鼓励科研团队开展前瞻性的研究，关注国家战略需求和社会发展热点，以解决重大科学问题和推动技术创新。

在过去的发展中，清华大学的科研团队展现出了独特的优势。学校拥有突出的科研实验室和卓越的学术研究成果，在自然科学、工程技术、信息科学等领域取得了一系列重要的研究成果。与此同时，清华大学积极开展国际化合作与交流，加强与世界一流大学和科研机构的合作关系。这种国际合作不仅拓宽了学校的学术视野，也为学校的科研成果转化和应用提供了更广阔的空间。

综上所述，清华大学在战略性绩效评价中赢得了较高的评价。学校不断加强科研平台建设和学术研究的深入发展，为国家和社会的发展贡献更多的力量和智慧。清华大学的科研团队将继续秉承"自强不息，厚德载物"的校训，努力在科学研究和技术创新方面取得更大的突破，为建设创新型国家和世界科技强国作出更大的贡献。

8.1.6 哈尔滨工业大学的特色交叉学科合作案例

交叉学科：建立跨学科中心，开展合作研究。

人才培养：培养跨学科人才，支持科研团队发展。

哈尔滨工业大学在科研团队的特色是重视交叉学科合作。学校鼓励不同学科领域之间的合作和融合，形成了一批跨学科研究团队。这种特色交叉学科合作为学校的科研发展带来了新的机遇和挑战。本部分将深入探讨哈尔滨工业大学在跨学科合作方面的做法和成效，分析其对战略性绩效评价的集聚性和拓展性的影响。

跨学科合作的实践

哈尔滨工业大学积极推动不同学科领域之间的合作与交流。学校设立了跨学科研究中心，鼓励各学院之间建立联合科研项目和实验室。这种跨学科的合作模式打破了传统学科壁垒，促进了不同学科之间的融合和交流。例如，学校在机器人技术领域组建了跨学科研究团队，囊括了机械工程、电子工程、计算机科学等多个学科的专家和学者。这样的合作模式为机器人技术的研发提供了更多的智力资源和技术支持。

跨学科研究成果

哈尔滨工业大学的跨学科研究团队在科研成果方面取得了显著的成就。

学校的交叉学科合作不仅在学术研究上取得了突破，也在技术创新和应用上取得了重要进展。例如，学校的机器人研究团队在多学科的合作下，成功研发了一款应用于特殊环境探测的机器人。该机器人结合了机械、电子和计算机技术，能够在恶劣的环境下执行任务，为工业生产和环境保护提供了新的解决方案。

跨学科合作的价值

哈尔滨工业大学的跨学科合作为学校的科研发展带来了巨大的价值。首先，跨学科合作打破了学科之间的壁垒，促进了知识的融合和创新。不同学科之间的交流和合作激发了新的研究思路和方法，推动了学科的交叉发展。其次，跨学科合作拓展了科研领域的边界，使得学校在更广泛的研究领域中获得竞争优势。例如，学校的交叉学科研究在环境保护、人工智能等领域取得了突出的成果，为学校的学科建设增添了新的亮点。

人才培养与交叉学科合作

哈尔滨工业大学注重人才培养与交叉学科合作的结合。学校鼓励学生在不同学科领域间开展学术研究和实践，培养跨学科的综合能力。学校还设立了交叉学科人才培养项目，为有志于跨学科研究的学生提供专门的培训和支持。通过这种方式，学校培养了一大批跨学科领域的优秀人才，为科研团队的拓展和协同发展提供了强有力的人才支持。

战略性绩效评价与交叉学科合作

哈尔滨工业大学在战略性绩效评价中高度重视交叉学科合作的贡献。学校将跨学科合作成果作为重要评估指标之一，对交叉学科研究团队进行绩效评估和考核。这种绩效评价的方法不仅鼓励学校在学科融合和合作创新方面取得更多成果，也促进了学校在战略性发展上的长期竞争优势。

跨学科合作成果展示

为了更直观地展示哈尔滨工业大学在跨学科合作方面的成果，以下是部分跨学科研究项目及其取得的成就的表格：

表8-5 跨学科研究项目及其取得的成就

项目名称	参与学院	研究领域	成果描述
智能交通系统	交通学院、计算机学院	交通工程、计算机科学	开发智能交通控制系统，提高交通效率和安全性
新能源材料研究	材料科学与工程学院、能源学院	材料科学、能源学	研发新型高效能源材料，提升能源转换效率
机器人与人工智能	机械工程学院、自动化学院	机器人技术、人工智能	制造多功能智能机器人，应用于生产和服务领域
环境污染治理与生态保护	环境学院、化学与化工学院	环境科学、化学工程	开展环境治理研究，推动生态环境保护和可持续发展

跨学科合作的创新机制

哈尔滨工业大学在推进跨学科合作方面创造了一系列创新机制。首先，学校建立了跨学科研究中心，为不同学科领域的研究人员提供共享的研究平台和资源。该中心鼓励学科间的跨界合作，促进知识的交流与融合。其次，学校设立了跨学科研究项目基金，用于支持跨学科研究的开展。这些资金的投入为学科间的合作提供了保障和动力。此外，学校还建立了学科导师交流计划，鼓励导师跨学科领域指导学生，促进学生在不同学科间的知识交流与学习。

持续发展与战略性绩效评价

哈尔滨工业大学在战略性绩效评价中高度重视交叉学科合作的贡献。学校将跨学科合作成果作为重要评估指标之一，对交叉学科研究团队进行绩效评估和考核。同时，学校不断改进跨学科合作机制，鼓励学科间的深度合作，提高科研成果的质量和水平。这种持续发展和改进的态势为学校在科研领域的长期竞争优势提供了有力支撑。

哈尔滨工业大学的未来展望

在未来，哈尔滨工业大学将继续坚持跨学科合作的发展战略，深化学科间的交流与融合。学校将加强交叉学科研究平台的建设，为科研团队提供更加优越的条件和资源。同时，学校将鼓励更多的学者和学生参与跨学科研究，培养跨学科的综合能力和创新精神。通过持续发展和创新，哈尔滨工业大学必将在科研领域继续取得更加卓越的成就，为国家和社会的发展贡献更多的力量和智慧。

综上所述，哈尔滨工业大学作为国内著名的科技高校，在特色交叉学科合作方面展现出了独特的优势。学校通过建立跨学科研究中心、推动跨学科研究项目、培养跨学科人才等创新举措，不断加强学科间的合作与交流。在战略性绩效评价中，学校高度重视交叉学科合作的贡献，并积极探索持续发展的路径。未来，学校将继续坚持跨学科合作的发展战略，为科研团队的集聚性和拓展性提供更加坚实的基础。哈尔滨工业大学的科研团队必将在学术研究和技术创新方面取得更大的突破，为国家科技进步和社会经济发展作出更大的贡献。

8.1.7 上海交通大学的国际化合作案例

上海交通大学在科研团队的特点之一是强调国际化合作。学校积极开展与国际知名学府的合作和交流，吸引海外优秀学者加盟。这种国际化的合作模式为学校的科研发展带来了新的机遇和挑战。本部分将详细分析上海交通大学在国际合作方面的实践和成果，探讨其对战略性绩效评价的国际影响力和特殊性。

国际化合作的实践

上海交通大学一直以来高度重视国际化合作，积极与全球一流大学和研究机构建立合作关系。学校设立了国际合作与交流处，负责推动学校与国际伙伴的合作项目和学术交流。学校与美国、欧洲、亚洲等多个国家和地区的大学签署了合作协议，开展联合研究、学术交流和学生互访项目。这种国际化的合作模式为学校的科研团队带来了更广阔的国际视野和学术资源。

国际化学术研究成果

上海交通大学的国际化合作在学术研究方面取得了显著成果。学校的科研团队与国际合作伙伴共同开展了一系列前沿科学研究。例如，学校与美国麻省理工学院合作开展了空气污染治理技术研究，为城市环境治理提供了新的解决方案。与英国牛津大学的合作则推动了新型材料的研发，为能源转换和储存领域作出了重要贡献。这些国际化的学术研究成果为学校在国际科研领域树立了良好的学术声誉。

国际化学者和学生引进

上海交通大学通过引进国际化的学者和学生，增强了学校的国际化合作。学校设立了"优青计划"，吸引了众多海外优秀学者加盟。这些国际化的学者为学校带来了先进的科研理念和研究方法。同时，学校还开展了留学生招生项目，吸引了众多国际学生前来学习和交流。这些国际化的学者和学生为学校的教育和科研水平提供了重要支持。

国际化科研平台建设

上海交通大学注重国际化科研平台的建设，为学校的科研团队提供更优越的条件和资源。学校投资建设了一批国际一流的实验室和科研中心，引进了一系列国际先进的科研设备和技术。这些科研平台的建设为学校的科研团队开展国际合作和科研创新提供了有力保障。

战略性绩效评价与国际化合作

上海交通大学将国际化合作作为战略性绩效评价的重要指标之一。学校高度重视国际化学术研究和国际交流合作的贡献，并将其纳入绩效评估体系。学校鼓励科研团队与国际合作伙伴共同开展研究项目，促进学术交流与合作。这种绩效评价的方法激励学校继续加强国际化合作，提高科研团队的国际影响力和竞争力。

表8-6 上海交通大学国际化合作成果

项目名称	合作伙伴	研究领域	成果描述
空气污染治理技术研究	麻省理工学院	环境科学、工程	提供城市空气污染治理的新技术和方案

续　表

项目名称	合作伙伴	研究领域	成果描述
新型材料研发	牛津大学	材料科学、能源学	推动新型材料在能源转换和储存领域的应用
生物医药研究	斯坦福大学	生物医学、药学	合作研发新药物，提高生物医药领域的研究水平

综上所述，上海交通大学作为中国顶尖的高等学府，在国际化合作方面展现出了独特的优势。学校通过与国际知名学府的合作和交流，不断拓展国际合作的领域和深度。国际化的学术研究成果和国际化引进的学者和学生，为学校的科研发展和人才培养提供了重要支撑。通过战略性绩效评价的推动，学校将继续加强国际化合作，提高科研团队的国际影响力和竞争力。上海交通大学在国际化合作的道路上将继续前行，为世界科技发展和人类社会进步贡献更多的力量。

8.2 国外高校战略性选择与发展案例

在全球范围内，许多国外高校的科研团队取得了令人瞩目的成功，并在各自领域产生了深远的影响。这些成功的背后离不开各种关键影响因素和经历的发展历程。本部分将选取几个具有代表性的国外高校科研团队发展案例进行深入研究，探讨他们是如何成功的、关键影响因素是什么，以及他们的发展历程。

8.2.1 麻省理工学院的科研团队发展

发展历程

麻省理工学院（Massachusetts Institute of Technology，MIT）成立于1861年，是全球著名的顶尖研究型大学之一。自创校以来，MIT一直致力于科学与技术的创新研究，在多个学科领域都取得了重要突破。MIT的科研团队发展可以追溯到其创立初期，但真正迈向全球科研领导地位是在 20 世纪。

在 20 世纪，MIT 逐步建立了一批具有全球影响力的科研中心和实验室。特别是在第二次世界大战期间，MIT 积极参与了战争研发项目，如雷达技术和计算机科学等领域，为国家战争胜利作出了重要贡献。战后，MIT 继续深耕科研领域，吸引了大批优秀的科学家和学者加盟，形成了高水平的科研团队。

成功因素

MIT 的科研团队取得成功的原因有以下几个方面：

优秀的师资队伍：MIT 拥有众多国际一流的学者和科学家，他们的研究水平和学术造诣为学校的科研团队提供了坚实支撑。

创新研究和科技转化：MIT 一直强调将科研成果转化为实际应用，推动科技的商业化和产业化，这为学校的科研团队带来了更多资源和支持。

国际合作与交流：MIT 积极开展国际合作与交流，与全球各地的优秀大学和研究机构建立合作关系，吸引了众多国际优秀学者的加盟。

跨学科合作：MIT 鼓励跨学科的合作研究，促进不同学科之间的交流与融合，形成了一批具有创新性的研究团队。

8.2.2 斯坦福大学的科研团队发展

发展历程

斯坦福大学（Stanford University）成立于 1885 年，位于美国加利福尼亚州的帕洛阿尔托市，是一所享有盛誉的私立研究型大学。斯坦福大学的科研团队发展起步较早，在 20 世纪迅速崛起为全球顶尖科研机构之一。

在 20 世纪，斯坦福大学在信息技术、生命科学、工程学等领域取得了显著的科研成果。特别是在硅谷的地理位置优势下，斯坦福大学与高科技产业形成紧密的联系，吸引了大量科技企业在校园附近设立研发中心，促进了科研成果的转化与应用。

成功因素

斯坦福大学的科研团队取得成功的原因有以下几个方面：

创业文化：斯坦福大学鼓励学生和教师创办新企业，创造创新科技和商业模式，形成了独特的创业文化。

资金支持：斯坦福大学拥有庞大的科研经费和捐赠资金，为科研团队提供了充足的资金支持。

跨学科研究：斯坦福大学鼓励学科之间的交叉研究，形成了多学科合作的科研团队，促进了创新性研究的发展。

产学研合作：斯坦福大学与硅谷的科技企业密切合作，推动科研成果的商业化和产业化。

表8-7　斯坦福大学科研团队的著名项目

项目名称	研究领域	成果描述
谷歌搜索算法研发	信息技术	开发了谷歌搜索引擎的核心算法，为全球用户提供高效搜索服务
人类基因组测序技术研究	生命科学	参与了人类基因组计划，开发了高通量测序技术，推动了基因研究的进展
利用太阳能发电的新材料研究	工程学	开发了高效的太阳能电池材料，为可再生能源领域做出了重要贡献

8.2.3 牛津大学的科研团队发展

发展历程

牛津大学（University of Oxford）创立于 12 世纪，是英国和世界上最古老的大学之一。自成立以来，牛津大学一直致力于高水平的科学研究和学术教育。在科研团队的发展历程中，牛津大学积极拓展学科领域，形成了多样化的科研团队。

在过去的几十年里，牛津大学在生物医学、数学、文学和社会科学等领域取得了重要的科研成果。特别是在生物医学方面，牛津大学的科研团队在癌症治疗、药物研发等方面取得了显著突破。

成功因素

牛津大学的科研团队取得成功的原因有以下几个方面：

多学科合作：牛津大学鼓励不同学科之间的合作，形成了多学科的科研团队，推动了科研成果的交叉和创新。

高水平的师资队伍：牛津大学拥有一批国际一流的学者和科学家，他们的研究水平和学术造诣为科研团队提供了强大的支撑。

充足的研究经费：牛津大学投入大量的资金用于科研项目，为科研团队提供了充足的研究经费和资源。

国际合作与交流：牛津大学积极与国际知名学府合作，吸引了大量国际优秀学者的加盟，促进了科研团队的国际化发展。

8.2.4 剑桥大学的科研团队发展

发展历程

剑桥大学（University of Cambridge）成立于 13 世纪，也是英国著名的古老大学之一。剑桥大学一直以来都致力于科学研究和学术教育，形成了丰富的学科体系。在科研团队的发展历程中，剑桥大学特别注重知识传承和创新。

在 20 世纪，剑桥大学在数学、物理学、经济学等学科领域取得了重要的科研成果。剑桥大学的科研团队不仅在学术研究方面有所建树，还在产业界产生了广泛的影响。

成功因素

剑桥大学的科研团队取得成功的原因有以下几个方面：

知识传承和创新：剑桥大学注重对传统知识的传承和积累，同时鼓励教师和学生进行创新性的研究，形成了丰富多样的科研团队。

开放合作：剑桥大学倡导开放合作的科研文化，积极与国内外的高校和科研机构合作，形成了国际化的科研团队。

资金投入：剑桥大学在科研项目上投入了大量资金，为科研团队提供了充足的资源和条件。

社会支持：剑桥大学得到了政府和社会各界的广泛支持，形成了强大的科研发展动力。

表8-8　剑桥大学科研团队的著名项目

项目名称	研究领域	成果描述
DNA 结构的发现与解析	生命科学	克里克和沃特森在剑桥大学发现了 DNA 的双螺旋结构，为基因研究奠定了基础
经济学的重要理论贡献	经济学	剑桥大学的经济学系培养了一批杰出的经济学家，为经济学理论发展作出了重要贡献

8.2.5 加州大学伯克利分校的科研团队发展

发展历程

加州大学伯克利分校（University of California, Berkeley）成立于1868年，位于美国加利福尼亚州伯克利市，是加州大学系统的旗舰校之一。伯克利分校在全球享有很高的学术声誉，其科研团队在多个领域取得了卓越的成就。

在20世纪，伯克利分校在物理学、计算机科学、环境科学等领域取得了重要的科研成果。尤其是在计算机科学领域，伯克利分校的科研团队在人工智能和机器学习方面作出了突出贡献。

成功因素

伯克利分校的科研团队取得成功的原因有以下几个方面：

优秀的师资队伍：伯克利分校聚集了一大批优秀的学者和科学家，他们在各自的领域具有世界级的研究水平。

开放创新：伯克利分校鼓励学术交流和创新实践，为科研团队提供了开放的学术环境。

资金投入：伯克利分校对科研项目提供了充足的经费支持，为科研团队的发展提供了保障。

学术合作：伯克利分校积极开展国际学术合作，与全球优秀高校和研究机构建立合作关系，促进了科研团队的国际化。

8.2.6 剑桥大学和麻省理工学院的协同合作

协同视角

剑桥大学和麻省理工学院作为全球顶尖的高校，各自在不同领域都有着显著的科研优势。为了进一步推进科研水平的提升，两所学校进行了协同合作。

合作内容

剑桥大学和麻省理工学院在信息技术、生命科学、能源等多个学科领域展开了深度合作。两校的科研团队共同开展科研项目，共享研究成果，实现了知识和资源的共享。

成果展示

剑桥大学和麻省理工学院的协同合作取得了一系列重要的研究成果。例如，双方联合研究团队在人工智能和机器学习方面取得了突出成就，开发了一系列领先的算法和技术。此外，在能源领域，双方联合研究团队开发了高效的太阳能电池材料，推动了可再生能源的发展。

表8-9 剑桥大学和麻省理工学院合作项目

项目名称	研究领域	成果描述
人工智能和机器学习研究	信息技术	开发了一系列领先的人工智能算法和机器学习技术，推动了智能科技的发展
太阳能电池材料研究	能源科学	开发了高效的太阳能电池材料，为可再生能源的应用作出了重要贡献

国外高校的科研团队发展得益于多种关键影响因素的共同作用。优秀的师资队伍、开放的学术环境、充足的资金支持和国际化合作都为科研团队的成功发展提供了重要保障。通过战略视角和协同合作，一些高校甚至跨越国界，形成强大的科研联盟，实现资源共享、互惠互补，进一步提升了科研团队的实力。

随着全球科技的不断发展，国外高校的科研团队将继续发挥重要的作用，为世界科技进步和人类社会发展作出更大的贡献。本研究对一些国外高校的科研团队发展进行了深入研究，希望能为其他高校科研团队的评估和发展提供一定的借鉴和参考。

第9章 战略性绩效评价指标体系构建、模型建立与算例研究

随着高校科研团队在国家科技创新和社会发展中的地位日益重要，建立有效的战略性绩效评价指标体系成为保障团队可持续发展的关键。该指标体系应该综合考虑团队的内部状况和外部环境，并从 SWOT 分析和未来发展战略视角出发，确保科研团队在国内外科技竞争中处于领先地位。本章将从指标体系构建的原则和方法、当前 SWOT 分析以及未来发展战略视角等方面进行探讨。

9.1 高校科研团队战略性绩效评价指标体系构建

1. 指标体系构建的原则

构建高校科研团队战略性绩效评价指标体系需要遵循一些原则，以确保评价体系的科学性、可操作性和适用性。

客观性与科学性：指标体系应基于客观的数据和科学的方法构建，避免主观性和随意性的干扰，确保评价结果的准确性和可信度。

综合性与全面性：评价指标应综合考虑团队的各个方面，包括科研产出、学术影响、创新能力、师资队伍、资金投入等，以全面反映科研团队的绩效状况。

可比性与指导性：评价指标应具有可比性，可以与其他高校科研团队进

行比较，以便找出团队在竞争中的优势和劣势。同时，指标体系应具有指导性，为团队提供改进和优化的方向。

时效性与动态性：科研团队的发展是一个动态过程，评价指标应该及时反映团队的最新状况和变化，以便及时调整战略和决策。

可操作性与可实施性：评价指标应该具有可操作性，团队能够采取有效措施来提高绩效。同时，指标体系应该在实践中可实施，不过度依赖于外部资源和数据。

2. 指标体系构建的方法

构建高校科研团队战略性绩效评价指标体系可以采取以下几种方法：

文献研究法：通过对国内外相关文献的梳理和分析，找出科研团队绩效评价的常用指标和方法，为指标体系构建提供参考。

专家咨询法：邀请相关领域的专家学者进行咨询和讨论，确定评价指标的权重和合理范围，以确保指标体系的科学性和合理性。

数据搜集法：搜集科研团队的相关数据，包括科研成果、人才队伍、科研经费、学术影响等，作为指标体系构建的基础数据。

因子分析法：运用因子分析方法，从众多指标中提取出代表团队绩效的主要因素，以简化指标体系并保留核心信息。

层次分析法：采用层次分析法对指标进行层级排序和权重分配，确保评价体系的合理性和可操作性。

3. 基于战略绩效评价指标体系构建

高校科研团队战略性评价分为：战略选择性评价、战略可行性评价、战略协同性评价和战略可持续性评价。战略选择性评价侧重于整体把控，关注于全过程，战略可行性评价侧重于项目前期、战略协同性评价侧重于中期、战略可持续性评价侧重于后期。

（1）战略选择性评价指标

专业领域适配度：评估科研团队的研究方向是否与学校或研究机构的整体战略目标和优势领域相匹配。

市场需求分析：考察科研团队的研究方向是否与社会和产业的需求相契合，是否具备应用前景。

竞争优势：评估团队在该领域是否具备竞争优势，如人才、设施、合作网络等。

创新潜力：分析团队的研究方向是否具备创新潜力，是否能够引领领域发展。

（2）战略可行性评价指标

资源支持：评估科研团队实现战略目标所需的人力、物力、财力等资源是否能够得到有效支持。

技术和方法：考察团队在实现战略目标时是否具备必要的技术和方法，是否需要进一步的研发和培训。

时间计划：分析团队实现战略目标的时间计划，确保合理的时间分配和项目推进。

风险评估：评估实现战略目标的风险，并制定相应的应对策略。

（3）战略协同性评价指标

合作网络：评估团队是否具备与其他团队、机构或产业进行合作的合适网络。

跨学科整合：考察团队是否能够在不同学科领域进行合作，实现跨学科整合。

价值链衔接：分析团队的研究方向是否与产业价值链中的关键环节相衔接，是否具备协同潜力。

共同目标：评估团队与合作伙伴之间是否有共同的目标和利益，是否能够实现合作的互补性。

（4）战略可持续性评价指标

组织文化：考察团队是否具备适合长期发展的组织文化，是否能够持续激发团队成员的创新活力。

人才储备：评估团队是否能够吸引和留住高水平的人才，确保人才储备的可持续性。

资源优化利用：分析团队是否能够高效地利用现有资源，避免资源浪费。

创新机制：考察团队是否能够持续推动创新，是否具备创新激励机制和知识产权保护措施。

这些评价指标将有助于综合分析高校科研团队的战略性，确保团队的发展方向与学校或机构的整体目标相一致，并且能够在合适的领域内保持稳定的发展，同时与外部合作伙伴进行有效的协同，最终实现长期的可持续发展。评价指标的设计应该根据具体情况进行调整，以确保其能够准确地反映高校科研团队的战略性和可持续性特点。

当进行高校科研团队战略性评价时，可以参照表 9-1。

表 9-1　高校科研团队战略性评价指标体系

评价内容	评价指标
战略选择性评价 （关注全过程）	专业领域适配度：与学校战略目标是否匹配
	市场需求分析：研究方向是否与社会需求契合
	竞争优势：在领域内是否具备竞争优势
	创新潜力：是否具备引领领域发展的创新潜力
战略可行性评价 （聚焦项目前期）	资源支持：是否能够获得必要的人力、物力、财力支持
	技术和方法：是否具备实现目标所需的技术和方法
	时间计划：是否有合理的时间安排来实现目标
	风险评估：分析实现目标的风险与制定应对策略
战略协同性评价 （聚焦项目中期）	合作网络：与其他团队、机构的合作网络是否合适
	跨学科整合：是否能够实现跨学科合作和整合
	价值链衔接：研究方向是否与产业价值链相衔接
	共同目标：与合作伙伴是否有共同的目标和利益

评价内容	评价指标
战略可持续性评价 （聚焦项目后期）	组织文化：是否具备有利于可持续发展的组织文化
	人才储备：是否能够吸引和留住高水平人才
	资源优化利用：是否能够高效利用现有资源
	创新机制：是否有创新激励机制和知识产权保护措施

9.2 高校科研团队战略性绩效评价模型建立

9.2.1 层次分析方法（AHP）

层次分析法是将复杂问题分解为多个组成要素，首先根据这些要素之间的关系构建递阶层次结构，然后通过两两比较确定各层次要素的相对重要性，最终综合评价来自判断者的意见，确定各要素的相对权重顺序。在本部分中，我们主要运用层次分析法来确定高校科研团队绩效评价指标体系中各指标的权重。

在构建评价指标体系过程中，指标权重的确定通常可以采用主观赋权法和客观赋权法。主观赋权法包括直接判断法和层次分析法等，它们依赖于专家经验和主观判断，以定性评价的方式确定指标的权重。这些方法操作简便，易于实施，但存在一定的主观性，需要评价者具备较高的专业经验，以确保评价结果的科学性。客观赋权法则从统计的角度出发，根据指标之间的相关性来确定权重，如熵值法和多目标规划法等。尽管这些方法精确度较高，但由于数据搜集和处理的复杂性，未得到广泛应用。

当前，我国高校科研团队绩效评价的理论研究相对薄弱，相关研究资料有限，缺乏充足的数据积累，难以满足客观赋权法所需的条件。另一方面，基于心理学视角，人们往往更倾向于全力以赴地履行自己的承诺。因此，让经验丰富的学科带头人或专家根据经验确定绩效评价指标的权重，实际上比通过复杂的计算方法得出的指标体系更为实际可行。

因此，我们选择采用层次分析法，结合定量和定性分析两种方法来确定评价指标的权重，以此更加合理地反映高校科研团队的绩效。这种方法既兼顾了专家经验的重要性，又具备一定的科学性和可操作性。

1. 层次分析法概念

层次分析方法是一种用于多标准决策分析的定量工具，由美国运筹学家托马斯·塞蒂在20世纪70年代提出。该方法可以将一个复杂的决策问题分解为不同层次的因素和标准，通过比较和权衡各个因素之间的重要性，最终得出一个综合的决策结果。

在使用层次分析法进行决策与评价时，通常需要遵循以下四个步骤：首先，建立递阶层次结构；其次，构建便于两两比较的判断矩阵；再次，进行一致性检验和单层指标权重计算；最后，进行总层指标权重计算和一致性检验。这些步骤在应用该方法时需要贯穿整个过程中，逐层展开。

建立递阶层次结构：层次分析法的首要步骤是将复杂问题进行层次化和简化，以便构建多层次的递阶分析结构模型。该模型通常由目标层、准则层、子准则层和指标层四个层次组成。最高层是目标层，其中只包括一个元素，即所研究问题的预定目标。在本研究中，例如高校科研团队的绩效可作为目标层，记为A层。准则层包括为实现预定目标所需要的中间环节，还可以进一步划分为小的子准则层。在本研究中，第一级指标可以视为准则层，如团队投入、团队产出和团队效益，分别记为B_1，B_2，B_3。子准则层可以记为C_1，C_2，…，C_{11}。指标层是最底层，包含了绩效评价的具体指标，易于量化和处理，记为D层。递阶层次结构中包含的层数以及每层元素的数量通常会因问题的复杂性而异，确保在构建递阶层次结构时明确各层次和元素的意义和作用，以确保其科学性和合理性。

构造两两比较的判断矩阵：在层次分析法中，所有分析的基础是一定的信息储备，而判断矩阵则是构建层次分析法的信息基础。通过科学的判断，我

们可以确定每一层次中每个元素在总层次中的相对重要性，将这些判断结果
用数值表示，形成两两比较的判断矩阵。这一步是层次分析法最关键的一步，
也是权衡各元素优先级的重要依据。判断矩阵的意义在于将上一层元素的判
断准则与与之相关的元素两两比较的相对重要性转化为数值。

表 9-2　构造判断矩阵形式

A_k	B_1	B_2	...	B_j	...	B_n
B_1	B_{11}	B_{12}	...	B_{1i}	...	B_{1n}
B_2	B_{21}	B_{22}	...	B_{2i}	...	B_{2n}
...	...	...	...	...	...	...
B_i	B_{i1}	B_{i2}	...	B_{ij}	...	B_{in}
...	...	...	...	...	...	...
B_n	B_{n1}	B_{n2}	...	B_{nj}	...	B_{nn}

如上表所示，B_{ij} 表示意义是：在判断准则 A_k 下，通过两两比较，B_i 与
B_j 相比的重要性程度，它的取值通常为 1 到 9 或它们的倒数，具体含义如表
9-3 所示。

由于客观事物的复杂性以及人们认识的多样性以及片面性，也就很难保
证每一个判断的一致性。尤其是当影响因素众多、问题比较复杂时，更是难
以保证检验的一致性。只有通过一致性检验，才能对得出的数学结果进行进
一步量化处理。

表 9-3　1—9 阶矩阵的平均随机一致性指标（RI）取值表

n	1	2	3	4	5	6	7	8	9
RI	0.00	0.00	0.52	0.89	1.12	1.26	1.36	1.41	1.46

2. 总层次指标权重计算及一致性检验

完成以上步骤后，我们可以得出一组指标对其上一层次中某指标的权重值，再运用上述步骤，还可以得出各层次指标相对于总目标的权重值。这里尤其值得注意两个问题：第一，整个运算要始终自上而下；第二，每一层都需进行一致性检验。

假设存在 A 和 B 两个层次，A 为 B 的下层。A 层包含 m 个指标，权重值分别为 a_1，…，a_m。B 层包含 n 个指标，这些指标关于 A_j 层次的权重分别为 b_{1j}，…，b_{nj}（当 B_1 与 A_j 无关联时，$b_{ij} = 0$）。之后计算 B 层中各指标相对于总目标的权重。

3. 单层指标权重计算及一致性检验

在确立完整的判断矩阵之后，就可以用数学方法计算单层指标权重，方根、和法以及幂法为常用方法。

AHP 计算步骤：

（1）建立层次结构：将目标、准则和备选方案组织成层次结构。

（2）构建判断矩阵：专家对不同层次的元素进行两两比较，填写判断矩阵。

（3）计算权重：利用判断矩阵计算各个准则和备选方案的权重。

（4）一致性检验：检查判断矩阵的一致性，以确保专家判断的合理性。

（5）综合评价：将权重和各个准则下备选方案的评分相乘，得出综合评价结果。

当运用 MATLAB 进行高校科研团队评估中的层次分析方法时，需要经过一系列详细步骤，涵盖判断矩阵的构建、特征值特征向量的计算、一致性检验等关键环节。以下是详细的融合内容：

高校科研团队的综合评估常需要运用定量方法，层次分析方法（AHP）在此领域具有广泛的应用。通过 AHP，我们可以将复杂的评估问题分解为不同层次的因素和标准，从而更加系统地进行科学评估。下面是层次分析方法在高校科研团队评估中的应用过程：

（1）构建层次结构。首先，确定要解决的科研团队评估问题，将其分解为目标层、准则层和方案层。目标层代表总体评估目标，准则层包括影响科研团队绩效的各个因素，方案层包括不同团队或方案。

（2）构建判断矩阵。对于准则层和方案层，需要构建比较矩阵来表示因素之间的相对重要性。每个比较矩阵的元素表示对应因素之间的相对重要性，使用1—9的标度进行比较。

（3）计算特征值和特征向量。使用 MATLAB 的 eig( ) 函数计算判断矩阵的特征值和特征向量：

Matlab Copy Code

```
A = […………]；
[V，D] = eig(A)；
```

特征值对应于特征向量，它们提供了因素的相对权重信息。

（4）一致性检验。计算一致性比率（CR）以确保判断矩阵的一致性。计算一致性指标（CI）：

Matlab Copy Code

```
[n，~] = size(A)；CI = (max(D(:)) - n) / (n - 1)；
```

然后，使用预先计算的随机一致性比率表 RI，计算 CR：

Matlab Copy Code

```
RI = [0，0.58，0.9，1.12，1.24，1.32，1.41，1.45，1.49，1.51]；CR = CI / RI(n)；
```

（5）计算权重向量。计算权重向量 W，将特征向量中最大特征值对应的特征向量进行归一化：

Matlab Copy Code

```
max_eig_idx = find(diag(D) == max(diag(D)))；% 最大特征值的索引 W =
V(:，max_eig_idx) / sum(V(:，max_eig_idx))；
```

（6）高校科研团队评估中的应用。将计算得到的权重向量 W 与科研团队的各项指标相乘，得到各个团队的综合评价得分。此得分可用于评估团队的绩效、排序和决策。

综合运用上述步骤，基于层次分析方法，我们能够系统地评估高校科研团队的绩效，确定各项因素的权重，为科研团队提供发展建议，促进高校科研团队的持续提升。请注意，上述示例仅为概念性指导，实际编程时需要根据问题的具体情况进行调整和优化。

9.2.2 灰色关联分析

灰色关联分析是一种多指标综合评价方法，适用于不确定性较大、数据相对缺乏的情况下，对高校科研团队进行评估和排名。这种方法可以帮助高校科研团队更全面地了解自身的绩效表现，找到发展的薄弱环节，并做出相应的改进和调整。

对于两个系统之间的因素，其随时间或不同对象而变化的关联性大小的量度，称为关联度。在系统发展过程中，若两个因素变化的趋势具有一致性，即同步变化程度较高，即可谓二者关联程度较高；反之，则较低。

灰色系统在处理"小样本""贫信息"方面更具有优势。灰色关联分析的基本思想主要是根据因素之间发展趋势的相似或相异程度，亦即"灰色关联度"，作为衡量因素间关联程度的一种方法。如果系统因素的发展趋势曲线越接近，那么相应的因素序列之间的关联度就越大，反之就越小，如图 9-1 所示。

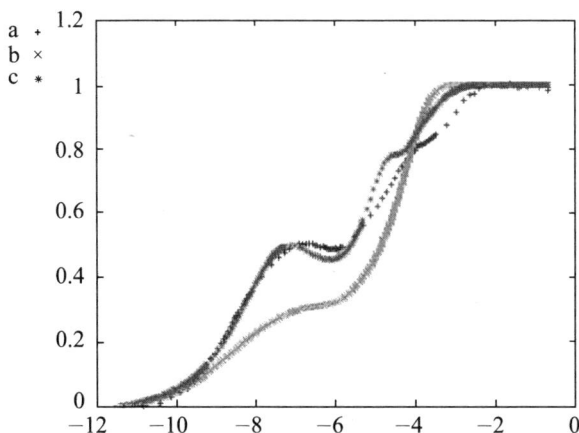

图 9-1　灰色关联分析原理图

定义 9.1 设 X_i 为系统因素序列，其在序号 k 上的观测数据为 $x_i(k)$，$k = 1, 2, \cdots, n$，那么称 $X_i = (x_i(1), x_i(2), \cdots, x_i(n))$ 为因素 X_i 的行为序列；如果 k 是时间序号，那么称 $x_i(k)$ 为因素 X_i 在 k 时刻时的观测数据，则称序列 $X_i = (x_i(1), x_i(2), \cdots, x_i(n))$ 为因素 X_i 的行为时间序列；如果 k 是指标序号，$x_i(k)$ 为因素 X_i 关于第 k 个指标的观测数据，那么称序列 $X_i = (x_i(1), x_i(2), \cdots, x_i(n))$ 为因素 X_i 的行为指标序列；如果 k 为观测对象序号，$x_i(k)$ 为因素 X_i 关于第 k 个对象的观测数据，那么称 $X_i = (x_i(1), x_i(2), \cdots, x_i(n))$ 为因素 X_i 的行为对象序列。

定义 9.2 设 $X_0 = (x_0(1), x_0(2), \cdots, x_0(n))$ 为系统特征序列，并且

$$X_1 = (x_1(1), x_1(2), \cdots, x_1(n))$$

$$\cdots\cdots\cdots\cdots\cdots\cdots\cdots\cdots\cdots\cdots$$

$$X_i = (x_i(1), x_i(2), \cdots, x_i(n))$$

$$\cdots\cdots\cdots\cdots\cdots\cdots\cdots\cdots\cdots\cdots$$

$$X_m = (x_m(1), x_m(2), \cdots, x_m(n))$$

为相关行为因素序列。给定实数 $r(X_0, X_i)$，如果实数

$$r(X_0, X_i) = \frac{1}{n}\sum_{i=1}^{n} r[x_0(k), x_i(k)]$$

灰关联满足以下四公理：

(1) 规范性。$0 < r(X_0, X_i) \leqslant 1$，$r(X_0, X_i) = 1 \Leftrightarrow X_0 = X_i$。

(2) 整体性。对于 $X_i, X_j \in X = \{X_s \,|\, s = 0, 1, 2, \cdots, m; m \geqslant 2\}$，有 $r(X_i, X_j) \neq r(X_j, X_i)$，$(i \neq j)$。

(3) 偶对对称性。对于 $X_i, X_j \in X$，有 $r(X_i, X_j) = r(X_j, X_i) \Leftrightarrow X = \{X_i, X_j\}$。

(4) 接近性。$|x_0(k) - x_i(k)|$ 越小，$r(x_0(k), x_i(k))$ 越大。

则称 $r(X_0, X_i)$ 为 X_i 对 X_0 的灰色关联度，$r(x_0(k), x_i(k))$ 为 X_i 对 X_0 在 k 的灰色关联系数，并称条件（1），（2），（3），（4）为灰色关联四公理。

定理 9.1：设系统行为序列

$$X_0 = (x_0(1), x_0(2), \cdots, x_0(n))$$

$$X_1 = (x_1(1),\ x_1(2),\ \cdots,\ x_1(n))$$
....

$$X_i = (x_i(1),\ x_i(2),\ \cdots,\ x_i(n))$$
....

$$X_m = (x_m(1),\ x_m(2),\ \cdots,\ x_m(n))$$

对于 $\rho \in (0,1)$，令

$$r(x_0(k),\ x_i(k)) = \frac{\min\limits_{i}\min\limits_{k}\left|x_0(k) - x_i(k)\right| + \rho\max\limits_{i}\max\limits_{k}\left|x_0(k) - x_i(k)\right|}{\left|x_0(k) - x_i(k)\right| + \rho\max\limits_{i}\max\limits_{k}\left|x_0(k) - x_i(k)\right|}$$

$$r(X_0,\ X_i) = \frac{1}{n}\sum r[x_0(k),\ x_i(k)]$$

则 $r(X_0,\ X_i)$ 满足灰色关联四公理，其中 ρ 为关联系数，一般情况下，没有特殊信息下，分辨系数 $\rho = 0.5$。

刘思峰教授 1991 年根据邓聚龙老师提出的灰色关联分析的理念，结合实际应用中应用，研究了广义灰色关联分析模型。

定理 9.2　设序列

$$X_i = (x_i(1),\ x_i(2),\ \cdots,\ x_i(n))$$
$$X_j = (x_j(1),\ x_j(2),\ \cdots,\ x_j(n))$$

的始点零化相为：

$$X_i^0 = (x_i^0(1),\ x_i^0(2),\ \cdots,\ x_i^0(n))$$
$$X_j^0 = (x_j^0(1),\ x_j^0(2),\ \cdots,\ x_j^0(n))$$

其中，$x_i^0(k) = x_i(k) - x_i(1)$；$x_j^0(k) = x_j(k) - x_j(1)$，$k = 1,\ 2,\ \cdots,\ n$。

刘思峰教授构造的广义灰色关联模型主要有以下三种表达方式：

$$（1）\qquad \varepsilon_{ij} = \frac{1 + |s_i| + |s_j|}{1 + |s_i| + |s_j| + |s_i - s_j|}$$

其中，

$$s_i = \int_1^n (X_i - x_i(1))\, dt, \qquad s_j = \int_1^n (X_j - x_j(1))\, dt, \qquad s_i - s_j = \int_1^n (X_i^0 - X_j^0)\, dt$$

(2) $$\gamma_{ij} = \frac{1 + s_i^{'} + s_j^{'}}{1 + s_i^{'} + s_j^{'} + \left| s_i^{'} - s_j^{'} \right|}$$

(3) $$\rho_{ij} = \theta \varepsilon_{ij} + (1 - \theta) \gamma_{ij}$$

其中，$\theta \in [0, 1]$。

2010 年以来，刘思峰教授以广义灰色关联分析为基础，研究了序列的相似性和接近性，提出了灰色相似关联度和灰色接近度模型。

（1）灰色相似关联度模型为：

$$\varepsilon_{ij} = \frac{1}{1 + \left| s_i - s_j \right|}$$

（2）灰色接近关联度模型为：

$$\tau_{ij} = \frac{1}{1 + \left| s_i - s_j \right|}$$

在灰色相似性关联模型和灰色接近关联度模型中，除了研究几何图形的相似性和空间距离的接近度外，还可以考虑科研团队在不同指标上的表现。这样的考虑将涵盖团队在科研成果、专利数量、学术影响力等方面的指标，使得绩效评估更加全面和多维。这样的全面性评估不仅能够提供更深刻的团队发展建议，还能够激发团队在各个方面都获得更卓越的绩效。

此外，考虑到高校科研团队评估的特殊性质，可以引入更多因素到灰色绝对关联分析模型中。例如，团队成员的贡献度、合作网络、知识产权等因素可以作为影响因子，与灰色绝对关联分析方法结合使用，更准确地反映团队的实际情况和绩效水平。通过折线面积测度的灰色关联度分析，可以揭示不同因素之间的关联程度，为团队的发展提供更具针对性的战略建议。

最后，结合群决策权重确定问题，并采用灰色关联度方法来评估不同方案之间的吻合程度，可将灰色犹豫模糊集的概念引入，考虑不同权重和偏好下的综合评价。这将进一步提升评估模型的灵活性和适应性，以满足不同评估需求和情境。

总之，将高校科研团队评估与灰色系统相结合，有助于更全面地考虑团队的多样性和复杂性。这样的方法将为高校科研团队的绩效评估提供更全面、精准的分析和指导，有助于推动科技创新和提升绩效水平。

9.2.3 SWOT 分析

1. SWOT 分析概念

SWOT 分析法是一项战略分析工具，用于评估研究对象在内外部竞争环境中的情况。SWOT 分析的核心思想是系统性地考察与研究对象密切相关的各种内部优势、劣势，以及外部机会和威胁。这些要素经过详细的调查和列举后，按矩阵形式排列，然后运用系统分析的方法，将它们相互匹配和分析，以获得一系列有决策意义的结论。

通过运用 SWOT 分析法，可以实现对研究对象所处情境的全面、系统和准确的研究。基于分析结果，可以制定相应的发展战略、计划以及对策等。

SWOT 分析法的优点在于它全面考虑问题，采用系统思维，有助于将问题的"诊断"和"开具处方"过程有机结合，呈现清晰的条理，使得检验和验证变得更加容易。

具体而言，SWOT 分析包括以下四个要素：

优势（Strengths）：指内部的有利因素，即研究对象内部具备的优势、竞争力等。

劣势（Weaknesses）：指内部的不利因素，即研究对象内部存在的弱点、不足之处。

机会（Opportunities）：指外部的有利因素，即研究对象在外部环境中可以利用的机会和潜力。

威胁（Threats）：指外部的不利因素，即研究对象在外部环境中可能面临的风险和威胁。

这种综合性分析方法有助于深入了解研究对象的情况，为制定合适的战略和决策提供有力支持。

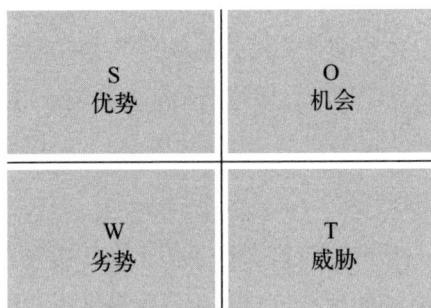

图 9-2　SWOT 分析架构

2. SWOT 模型含义介绍

优劣势分析侧重于评估企业内部的实力，并与竞争对手进行详细对比，而机会和威胁分析则集中关注外部环境的变化对企业的潜在影响。在这个分析过程中，需要将所有内部因素（即优势与劣势）整合起来，然后借助外部因素对其进行全面评估。

（1）机会与威胁分析（Environmental Opportunities and Threats）。随着经济、科技等多个领域的快速发展，特别是全球经济一体化和信息网络建设的加速推进，以及多元化消费需求的崛起，企业所处的外部环境变得更加开放和多变。这些变化几乎对所有企业都带来了深刻的影响，因此环境分析逐渐成为企业至关重要的职能。

环境趋势可分为两大类：环境威胁和环境机会。环境威胁指的是不利的发展趋势，它们构成了一种挑战，如果不采取果断的战略行动，这些不利趋势可能会削弱公司的竞争地位。环境机会则指的是对公司有吸引力的领域，在这些领域中，公司能够获得竞争优势。对环境的分析可以从多个角度进行，例如 PEST 分析等，波特的五力分析也是一种常见的方法。

（2）优势与劣势分析（Strengths and Weaknesses）。发现吸引人的机会与拥有实现这些机会所需的竞争能力是两个不同层面的挑战。每家企业都应定期审视其优势与劣势，可以使用"企业运营管理审核表"等工具进行评估。企业内部或外部的咨询机构可以利用这种格式来审查营销、财务、生产制造和组织能力。各个要素应根据其表现分为特强、稍强、中等、稍弱或特弱等级。

当两家企业在同一市场上，能够向同一客户群体提供产品和服务时，如果其中一家企业具有更高的利润率或潜在利润，我们就认为它在竞争中具备优势。换句话说，竞争优势指企业能够超越竞争对手的能力，有助于实现盈利目标。然而，需要注意的是，竞争优势不仅仅体现在更高的利润率上，有时企业可能更追求市场份额的增加，或者对管理人员和员工提供更多奖励。

竞争优势可以表现为消费者眼中企业或其产品相对竞争对手的任何优越之处，可以是产品线的广度、产品质量、可靠性、适用性、风格形象以及及时的服务和热情态度等。尽管竞争优势实际上是指企业在多个方面具有优势，但明确企业在哪个方面具有优势更加有意义，这有助于发挥长处避免短板，实现有的放矢。

企业在保持竞争优势方面，必须深刻了解自身的资源和能力，并采取适当的措施。一旦企业在某个方面获得竞争优势，就可能吸引竞争对手的关注。通常情况下，企业需要经过一段时间的努力才能建立起某种竞争优势。随后，企业需要维护这一优势，因为竞争对手开始作出反应。若竞争对手采取直接进攻或其他更有力的策略来应对企业的优势，可能会削弱这种优势。

企业竞争优势的持续时间受多种主要因素的影响，这些因素包括：

• 建立这种优势需要多长时间？

• 获得的优势有多大？

• 竞争对手作出有力反应需要多长时间？

明确地分析这些因素将有助于企业更好地了解自己在建立和维护竞争优势方面的处境。

显然，企业不应仅仅关注于纠正所有劣势，也不应忽视自身的优势。关键在于确定焦点，是将注意力仅限于现有优势的发展，还是积极获取和培育新的优势，以寻找更广阔的机会。有时，企业的发展受到不同部门之间协同合作不畅的制约，这可能导致进展缓慢。例如，某大型电子公司的工程师可能会看不起销售人员，认为他们不了解技术；而销售人员可能会轻视服务部门，认为他们不懂经营。因此，评估内部部门之间的工作关系对于内部审计至关重要。

波士顿咨询集团指出，获得胜利的企业是那些能够在内部获取优势的企业，而不仅仅是掌握核心能力。每家公司都必须有效地管理基本流程，如新产品开发、原材料采购、销售订单引导、客户订单的现金回笼、解决客户问题的响应时间等。每个流程都创造价值并需要各内部部门之间的协同合作。虽然每个部门都可能拥有核心能力，但如何有效地管理这些优势开发仍然是一个挑战。

3. SWOT 分析模型的方法

在适应性分析的过程中，高级管理层应基于内外部变量，运用杠杆效应、抑制性、脆弱性和问题性这四个核心概念，对 SWOT 分析模型进行深入研究。

杠杆效应（优势＋机会）：这个概念涉及内部优势与外部机会之间的完美契合。在这种情境下，企业能够充分发挥内部优势，抓住外部机会，实现优势与机会的协同增效。然而，机会通常是短暂的，因此企业必须以迅捷的方式行动，以便最大限度地利用这些机会，并为未来的发展打下坚实基础。

抑制性（机会＋劣势）：抑制性表示外部机会与企业内部资源劣势之间的不匹配。即使企业拥有强大的内部资源，如果无法与机会相互协同，这些优势也将无法充分发挥作用。在这种情况下，企业需要考虑提供或增强某些资源，以促使内部劣势向优势转化，以便更好地适应外部机会。

脆弱性（优势＋威胁）：脆弱性指的是企业内部优势在面对外部威胁时减弱或受损的情况。当外部威胁冲击企业的优势时，这些优势可能无法得到充分的保护和发挥。在这种情况下，企业需要采取措施来应对威胁，以保持内部优势的稳固地位。

问题性（劣势＋威胁）：问题性出现在企业内部劣势与外部威胁相互作用的情况下，这时企业可能面临严重挑战，不当的处理可能会直接威胁到企业的生存。因此，对于问题性的情况，企业需要采取紧急而明智的行动，以化解潜在的危机，确保企业的持续存在。

这些概念的深入分析有助于企业更全面地理解其竞争环境，并制定相应的战略，以应对不同情况下的挑战和机遇。通过灵活运用这些概念，企业能够更好地适应不断变化的市场和竞争条件。

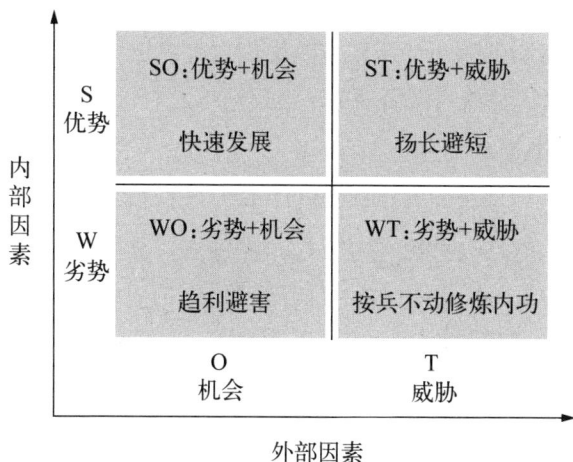

图 9-3 SWOT 分析模型组合

4. SWOT 分析步骤

进行 SWOT 分析时，需要遵循一系列简单而重要的规则，以确保分析的有效性和可操作性：

（1）确定当前战略。首先，了解企业当前的战略和目标，这有助于确保 SWOT 分析与实际情况相符。

（2）分析外部环境变化。运用工具如波特五力或 PEST 分析，识别外部环境的变化和趋势。同时，评估企业的关键能力和限制，考虑资源组合情况。

（3）划分优势和劣势。利用通用矩阵或类似方式，将所有的优势分成与机会或威胁相关的两组，然后按照相同的方式划分劣势。

（4）在 SWOT 图或表格中标示位置。将结果可视化，可以通过 SWOT 分析图或表格的方式将优势和劣势与机会和威胁对应起来。

（5）进行战略分析。基于 SWOT 分析的结果，制定战略。考虑如何利用优势来抓住机会，如何弥补劣势以应对威胁。

（6）成功应用 SWOT 分析的简单规则。遵循以下规则以确保 SWOT 分析的质量和可操作性。

SWOT 分析是一个易学易用的工具，能够帮助企业全面评估其战略地位和环境，为制定明智的市场营销策略提供指导。通过将不同要素列入相关表格或图中，SWOT 分析可以清晰地呈现，使得分析过程非常简单而高效。

5. SWOT 模型的局限性

类似于其他一些战略模型，SWOT 模型最早由麦肯锡公司提出，因此在其概念和方法上存在一些时代局限性。在过去，企业可能更加关注成本管理和产品质量，而如今，企业更加强调流程优化和创新。这就需要我们重新审视 SWOT 分析在不同时期和情境下的适用性。

以一个例子来说明，过去的电动打字机制造商面临着由印表机取代的挑战。从 SWOT 分析的角度看，这些制造商的优势在于机电领域的专业知识，而印表机市场提供了更广阔的机会。在这种情况下，企业面临一个关键决策：是坚持生产印表机，还是尝试进入其他机电产品市场？结果显示，有些企业选择了发展印表机，但最终遭遇了失败，而另一些企业则转向生产剃须刀，并取得了成功。这凸显了一个关键问题：企业在发展战略时是更注重利用已有能力来抓住机会，还是更倾向于主动改变现状以寻求新资源和优势？

SWOT 分析并未充分考虑企业在战略决策中主动改变现状的可能性。企业实际上可以通过积极寻找新资源和能力来创造所需的优势，以实现之前看似难以达成的战略目标。因此，在应用 SWOT 分析时，需要注意适应性问题，因为 SWOT 分析可以应用于多种不同的情境。为了解决基本 SWOT 分析的局限性，可以考虑采用更高级的 POWER SWOT 分析方法，以便更全面地考虑战略决策和创新可能性。

6. SWOT 分析与高校科研团队战略选择性评价

涉及高校科研团队评价，尤其是在制定战略选择方面，类似于竞争优势分析的方法也可以为科研团队的成长和决策提供极具价值的工具。高校科研团队的战略选择评价过程涉及考虑团队的优势、劣势、机遇和威胁，这对于确定最佳的研究方向和战略路径至关重要。在高校科研团队中采用竞争优势分析的步骤如下：

（1）内外部分析。首先，科研团队需要进行内外部分析，以辨识团队的优势和劣势。在内部分析方面，团队可以确定其独特的资源、技能和能力。而在外部分析中，团队可以捕捉到科研领域的机遇和潜在威胁，例如研究趋势和潜在合作伙伴。

（2）竞争优势分析。基于内外部分析的结果，团队可以进行竞争优势分析，以明确团队在研究领域中的竞争优势。这有助于团队了解自身的独特之处，并为制定战略决策提供指导。

（3）确定研究方向。基于竞争优势分析的结果，团队可以确定与其优势相关的研究方向。这有助于团队将资源和精力集中投入最有潜力的研究领域，以获得更出色的研究成果。

（4）优势的维持和扩展。类似于竞争优势的持续维护，科研团队需要深入了解其优势，并积极地进行发展和扩展。这可能涉及培养人才、建立合作网络、采用新技术等方面，以保持在研究领域的竞争优势。

（5）资源配置和合作。基于竞争优势的评估，团队可以合理配置资源，并寻求合作机会，以最大限度地发挥其优势。这可能包括与其他团队、高校或产业界的合作，共同推动研究领域的进展。

在高校科研团队中，采用竞争优势分析方法有助于明确团队的核心优势，指导研究方向的选择，并在资源配置和合作方面充分发挥优势。这种方法可以帮助团队在激烈的科研竞争中脱颖而出，取得更卓越的研究成果和影响。同时，团队还应保持灵活性，随着科研环境的不断变化，不断优化其竞争优势，以实现持续的成长。

9.2.4 决策树分析

决策树是一种依赖树形结构进行决策判断的模型。其运作方式涉及在每个节点根据最佳特征进行分支，从而将数据集划分为不同的子集。常见的决策树节点分割方法包括 ID3 决策树、C4.5 决策树和 CART 决策树。

1. ID3 决策树

ID3 决策树是一种基于信息熵的决策树算法，旨在度量样本不确定性和纯度水平。在 ID3 决策树的构建过程中，我们追求选择那个可最大化信息增益的特征，以作为节点的划分标准。

以下是 ID3 决策树的信息增益计算步骤：

（1）计算整个数据集的信息熵，亦即根节点的信息熵。

（2）针对每个特征，计算其信息增益。信息增益表示应用该特征进行数据划分后，数据集信息熵的减少量。

（3）选取信息增益最大的特征作为当前节点的划分标准。

（4）根据划分特征的不同取值，将数据集划分为多个不同的子集。

（5）对于每个子集，重复执行步骤（1）至（4），直至满足终止条件（例如达到叶节点或不再能够进行划分）。

通过挑选具有最大信息增益的特征进行数据划分，ID3 决策树可以有效地将数据按照最具区分性的特征进行分类，从而构建出高纯度的决策树模型。

2. C4.5 决策树

C4.5 决策树算法的产生是为了克服 ID3 算法的一个重要缺陷。这个缺陷涉及当某一属性具有大量分类（即分叉过多）时，该属性下的样本数量就会相对稀少。在这种情况下，ID3 算法常常会产生极高的信息增益，导致误判，因为 ID3 容易认为这样的属性适合用于数据划分。尽管这些属性在数据划分上确实有效，但当涉及新的样本时，它们的泛化能力较差，难以进行有效的预测。正因如此，C4.5 算法不再依赖信息增益来进行数据划分，而是引入了"信息增益率"。

C4.5 算法考虑了属性 a 的"固有值（Intrinsic Value）"，其中，属性 a 的可取值数量越多（即 V 越大），其固有值 IV(a) 越大。

这里并不是盲目地选择具有最高信息增益率的属性，而是采用一种启发式的方法：首先从划分后的属性中筛选出那些信息增益高于平均水平的属性，然后再从这些属性中挑选具有最高信息增益率的属性。

3. CART 决策树

在构建 CART 决策树的过程中，节点的划分是通过选择最大化基尼指数的特征来进行的。基尼指数用于度量数据集的纯度，它表示从数据集中随机选取两个样本，它们来自不同类别的概率。下面是 CART 决策树的构建步骤：

（1）选择一个初始节点，将整个数据集作为初始节点的样本。

（2）对于每个特征，计算其基尼指数。基尼指数用于度量使用该特征进行划分后数据集的纯度。

（3）选择基尼指数最小的特征作为当前节点的划分特征。

（4）根据划分特征的取值，将数据集划分为不同的子集。

（5）对于每个子集，重复步骤（2）至（4），直到满足终止条件（例如达到叶节点或无法继续划分）。

CART 决策树的优点在于它能够处理分类和回归问题，而且可以处理多分类和多输出的情况。通过选择基尼指数最小的特征进行划分，CART 决策树能够构建出一棵具有高纯度的决策树模型，用于进行分类或回归预测。

4. 决策树模型优缺点

表 9-4　决策树模型的优缺点

	决策树模型
优点	1. 因为是非参数模型，不需要对样本进行预先假设，可以处理复杂样本。 2. 计算速度，结果可解释性强。 3. 可以同时处理分类和预测问题，对缺失值不敏感。
缺点	1. 容易过拟合。 2. 特征之间存在相互关联时，数据结果表现较差。

9.2.5 TOPSIS

1. TOPSIS 概念

TOPSIS 法是一种常用的组内综合评价方法，能充分利用原始数据的信息，其结果能精确地反映各评价方案之间的差距。基本过程为基于归一化后的原始数据矩阵，采用余弦法找出有限方案中的最优方案和最劣方案，然后分别计算各评价对象与最优方案和最劣方案间的距离，获得各评价对象与最优方案的相对接近程度，以此作为评价优劣的依据。该方法对数据分布及样本含量没有严格限制，数据计算简单易行。在高校科研团队评价中，可以运用 TOPSIS 方法来对团队的不同方面进行评估和排序，从而为决策制定提供支持。

2. TOPSIS 计算过程

确定评价指标：首先，需要明确用于评价高校科研团队的各项指标，这些指标可能包括科研成果数量、影响因子、科研资金、团队合作等。

数据标准化：对于每个指标，将其值标准化为 0 到 1 的范围，以便在不同指标之间进行比较。对于正向指标，标准化后的值越大越好；对于负向指标，标准化后的值越小越好。

确定理想解决方案：根据正向指标的最大值和负向指标的最小值，确定理想解决方案。对于正向指标，理想解决方案为各指标的最大值；对于负向指标，理想解决方案为各指标的最小值。

计算与理想解决方案的距离：对每个备选方案，计算其与理想解决方案之间的欧氏距离或其他适当的距离度量。距离越小，说明备选方案越接近理想解决方案。

计算正负理想解决方案的距离：分别计算每个备选方案与正理想解决方案以及负理想解决方案的距离。

计算接近程度：根据正负理想解决方案的距离，计算每个备选方案的接近程度，通常使用以下公式：接近程度 = 负理想解决方案的距离 / （正理想解决方案的距离 + 负理想解决方案的距离）。

排序：按照接近程度的大小，对备选方案进行排序，接近程度越接近1，排名越高。

在高校科研团队评价中，TOPSIS方法可以将多个评价指标结合起来，综合考虑团队在各个方面的表现。通过计算接近程度，可以为高校科研团队提供一个综合的评价排序，有助于科研团队的战略选择和决策制定。这种方法能够客观地对不同团队进行比较，为高校科研团队的发展提供有力的支持和指导。

3. TOPSIS 的基本 MATLAB 程序

```
% （1）指标趋同化处理
Y2=1./X（:，2）    % 将第2列低优指标（营业成本）转换成高优指标
Y4=1./X（:，4）    % 将第4列低优指标（总负债）转换成高优指标
X（:，2）=Y2；      % 替换初始矩阵X中的第2列
X（:，4）=Y4；      % 替换初始矩阵X中的第4列
% （2）将趋同化数据归一化处理
[m，n]=size(X)；  % m为对象个数，n为指标个数
Z=[]；
for j=1：n
z=X（:，j)./sqrt(sum(X（:，j).^2))；
Z=[Z，z]；
end
% （3）确定最优方案与最劣方案
Z1=max(Z)        % 理想解
Z2=min(Z)        % 负理想解
% （4）计算评价方案与最优方案和最劣方案间的距离
D1=[]；D2=[]；
for i=1：m
d1=sqrt(sum((Z(i，:)-Z1).^2))；
```

```
d2=sqrt(sum((Z(i，：)-Z2).^2));
D1=[D1；d1]；        % 可行解到理想解的距离
D2=[D2；d2]；        % 可行解到负理想解的距离
end
D1，D2
% （5）计算各评价对象与最优方案的接近程度
C=D2./(D1+D2)      % 可行解对于理想解的相对接近度
% （6）对各评价对象排序，确定评价效果
[M，N]=sort(C，'descend')   %N 从大到小排序
```

9.2.6 DEA 数据包络分析

1. DEA 概念

数据包络分析（Data Envelopment Analysis，DEA）是一种非参数的效率评价方法，用于评估相对效率和效率差异。DEA 主要用于评估决策单元（如企业、组织、团队等）的效率，并确定其相对于其他决策单元的相对效率。

DEA 的基本理论基于线性规划和生产者效率理论。它通过将输入和输出转化为线性规划问题，来衡量决策单元的效率。DEA 的目标是找到一种最优的权重分配方案，使得每个决策单元都能够达到最大的效率。

2. DEA 模型的关键步骤

确定输入和输出变量：首先需要确定用于评估的输入和输出变量。在高校科研团队的可持续性评估中，输入变量可以是团队的人员数量、研究经费等，输出变量可以是发表的论文数量、获得的科研成果等。

建立决策单元集合：将需要评估的高校科研团队作为决策单元集合。

构建约束条件：根据输入和输出变量的线性组合关系，建立约束条件。这些约束条件反映了决策单元的生产过程。

确定权重分配方案：通过求解线性规划问题，确定每个决策单元的权重分

配方案。这些权重反映了每个决策单元在不同输入和输出变量上的相对重要性。

计算相对效率：利用确定的权重分配方案，计算每个决策单元的相对效率。相对效率是指决策单元在给定输入和输出条件下，相对于其他决策单元的效率水平。

效率评估和排序：根据计算得到的相对效率，对高校科研团队进行效率评估和排名。效率评估可以帮助团队发现存在的问题和改进的空间。

通过 DEA 方法，高校科研团队可以评估其战略可持续性，并了解相对于其他团队的效率水平。这有助于团队发现优势和不足，并制定相应的改进策略，以提高团队的科研效率和可持续发展能力。

3. DEA 关键 MATLAB 程序

```
clear
clc
X=[……..]；% 投入矩阵，每一指标数据按行输入
Y=[………]；% 产出矩阵，每一指标数据按行输入
[m，n]=size(X)；% m 投入数 n 决策单元数
s=size(Y，1)；% Y 的行数 产出个数
f=[zeros(1，n)，1]；% n 决策单元数 +m 投入数 +s 产出个数的 0，加上一列 1
LB=zeros(n+1，1)；UB=[]；
Aeq=[]；beq=[]；
W=[]；
for j=1：n
    A=[X，-X(：，j)；
      -Y，zeros(s，1)]；
b=[zeros(m，1)；-Y(：，j)]；
w= linprog(f，A，b，Aeq，beq，LB，UB)；% 解线性规划，得 DMU 的
最佳权向量
W=[W，w]；          % 输出最佳权向量
```

```
end
lambda=W(1：n，：)              % 输出 λ
theta=W(n+1，：)               % 输出 θ
```

9.3 高校科研团队战略性绩效评价算例研究

9.3.1 AHP 算例框架

要使用 AHP 方法进行指标权重计算，首先需要按照您提供的内容构建判断矩阵，然后使用 AHP 方法进行计算。以下是使用 AHP 方法进行高校科研团队战略性评价指标的权重计算的详细步骤。

步骤 1：构建判断矩阵。

首先，我们需要构建两两比较的判断矩阵，以评估每个指标在每个战略性评价层次中的相对重要性。根据您提供的指标，我们可以创建以下判断矩阵：

（1）战略选择性评估指标的判断矩阵：

	专业领域适配度	市场需求分析	竞争优势	创新潜力
专业领域适配度	1	3	2	4
市场需求分析	1/3	1	1/2	2
竞争优势	1/2	2	1	3
创新潜力	1/4	1/2	1/3	1

（2）战略可行性评估指标的判断矩阵：

	资源支持	技术和方法	时间计划	风险评估
资源支持	1	3	2	4
技术和方法	1/3	1	1/2	2

	时间计划			
时间计划		1/2	2	1	3
风险评估		1/4	1/2	1/3	1

（3）战略协同性评估指标的判断矩阵：

	合作网络	跨学科整合	价值链衔接	共同目标
合作网络	1	3	2	4
跨学科整合	1/3	1	1/2	2
价值链衔接	1/2	2	1	3
共同目标	1/4	1/2	1/3	1

（4）战略可持续性评估指标的判断矩阵：

	组织文化	人才储备	资源优化利用	创新机制
组织文化	1	3	2	4
人才储备	1/3	1	1/2	2
资源优化利用	1/2	2	1	3
创新机制	1/4	1/2	1/3	1

步骤2：计算特征向量。

接下来，我们需要计算每个判断矩阵的特征向量。特征向量是每个指标相对于其他指标的相对重要性。

步骤3：一致性检验。

进行一致性检验，确保判断矩阵是一致的。如果判断矩阵不一致，可能需要进行调整。

步骤4：计算权重。

使用AHP方法，将特征向量标准化，然后计算每个指标在其评价层次中的权重。这将为您提供每个指标的相对重要性。

MATLAB 程序示例：

在 MATLAB 中，您可以使用矩阵运算和 AHP 算法来计算权重。以下是一个示例 MATLAB 代码的框架，用于计算权重：

```
% 输入判断矩阵
A = [1，3，2，4；
    1/3，1，1/2，2；
    1/2，2，1，3；
    1/4，1/2，1/3，1]；


% 计算特征向量
[V，D] = eig(A)；
% 获取最大特征值对应的特征向量
max_eigenvalue = max(max(D))；
index = find(D == max_eigenvalue)；
weights = V(：，index) / sum(V(：，index))；


% 输出权重
disp(' 指标权重：')；
disp(weights)；
```

重复这个过程来计算每个评价层次中的权重。

这只是一个 MATLAB 算例框架模拟试算，需要根据实际数据和情境进行调整和扩展。此外，确保进行一致性检验，以验证判断矩阵的一致性。

9.3.2 TOPSIS 算例框架

当使用 TOPSIS 方法进行多属性决策分析时，需要明确具体的指标和权重，以及使用 MATLAB 进行计算。以下是一个具体示例，包括指标和MATLAB 代码。

步骤 1：指标设置与归一化。

首先，让我们明确指标和它们的权重，然后对这些指标进行归一化。

假设我们有 4 个指标，它们的权重分别为 0.3、0.2、0.25 和 0.25，我们将这些指标编号为 A1、A2、A3 和 A4。接下来，为了进行 TOPSIS 计算，我们需要对这些指标进行归一化，确保它们具有相同的度量标准。

```
% 指标设置与权重
weights = [0.3，0.2，0.25，0.25]；% 每个指标的权重
A1 = [0.6，0.3，0.8，0.2]；% 指标 A1 的值
A2 = [0.7，0.2，0.6，0.3]；% 指标 A2 的值
A3 = [0.8，0.4，0.7，0.6]；% 指标 A3 的值
A4 = [0.4，0.9，0.5，0.8]；% 指标 A4 的值
% 归一化
n = length(weights)；% 指标数量
m = length(A1)；% 评价对象数量
X = zeros(m，n)；% 归一化后的数据矩阵
for i = 1：n
    X(：，i) = weights(i) * eval(['A' num2str(i)])；
end
```

步骤 2：计算正理想解和负理想解。

接下来，我们需要计算正理想解（PIS）和负理想解（NIS）。PIS 是每个指标中的最大值，NIS 是每个指标中的最小值。

```
% 计算正理想解 PIS 和负理想解 NIS
PIS = max(X)；
NIS = min(X)；
```

步骤 3：计算距离。

然后，我们计算每个评价对象到 PIS 和 NIS 的距离，以及综合评分。

```
% 计算距离和综合评分
```

```
Di_plus = zeros(m, 1);

Di_minus = zeros(m, 1);

C = zeros(m, 1);


for i = 1: m
    Di_plus(i) = sqrt(sum((X(i, :) - PIS).^2));
    Di_minus(i) = sqrt(sum((X(i, :) - NIS).^2));
    C(i) = Di_minus(i) / (Di_plus(i) + Di_minus(i));
end
```

步骤 4：排序与选择。

最后，我们对所有评价对象的综合评分进行排序，选择得分最高的评价对象作为最佳选择。

```
% 排序评价对象
[sorted_C, ranking] = sort(C, 'descend');
% 选择得分最高的评价对象
best_choice = ranking(1);
% 输出结果
disp(' 最佳选择是评价对象编号: ');
disp(best_choice);
```

这个 MATLAB 算例框架可以用于具体的多属性决策问题，需要根据实际情况调整指标和权重。TOPSIS 方法允许您确定最佳选择，以便在多个备选方案中作出决策。

9.3.3 灰色关联算例框架

灰色关联分析是一种用于处理不确定性和模糊性数据的多属性决策方法，可以用于评估战略性。下面是根据前面的指标和描述的灰色关联分析步骤，包括 MATLAB 代码。

步骤 1：指标设置与数据准备。

首先，让我们明确指标和评价数据，然后对这些数据进行归一化，以便进行关联分析。

```
% 指标设置
indicators = {'专业领域适配度','市场需求分析','竞争优势','创新潜力',...
    '资源支持','技术和方法','时间计划','风险评估',...
    '合作网络','跨学科整合','价值链衔接','共同目标',...
    '组织文化','人才储备','资源优化利用','创新机制'};
% 评价数据，每行代表一个科研团队的数据
data = [
    0.6, 0.7, 0.8, 0.8, 0.5, 0.7, 0.6, 0.6, 0.7, 0.8, 0.7, 0.6, 0.8, 0.7, 0.6, 0.8;
    0.3, 0.2, 0.4, 0.6, 0.8, 0.4, 0.7, 0.8, 0.6, 0.5, 0.6, 0.7, 0.7, 0.6, 0.8, 0.7;
    % 继续添加更多科研团队的数据
];
% 归一化数据
min_data = min(data，[]，2)；
max_data = max(data，[]，2)；
normalized_data = (data - min_data) ./ (max_data - min_data);
```

步骤 2：关联系数计算。

接下来，我们将计算各个科研团队之间的关联系数，以及与目标科研团队的关联系数。

```
% 目标科研团队（假设为第一支团队）
target_team = normalized_data(1，:);
% 计算关联系数
correlation_coefficients = zeros(size(normalized_data，1)，1);
for i = 1：size(normalized_data，1)
    correlation_coefficients(i) = sum(abs(normalized_data(i，:) - target_team));
end
```

步骤 3：排序与选择。

最后，我们对所有科研团队的关联系数进行排序，并选择关联系数最高的团队作为最佳选择。

% 排序科研团队

[sorted_coefficients，ranking] = sort(correlation_coefficients，'ascend')；

% 选择关联系数最高的科研团队（越小越好）

best_choice = ranking(1)；

% 输出结果

disp(' 最佳选择是第 ' + string(best_choice) + ' 支科研团队 ')；

这个 MATLAB 算例框架可以用于具体的多属性决策问题，需要根据实际情况提供评价数据和目标团队，并根据需要调整指标。灰色关联分析方法可用于帮助您确定与目标最相符的科研团队。

9.3.4 决策树算例框架

决策树分析是一种用于多属性决策的方法，它可以用于评估战略性。下面是根据您提供的指标和描述的决策树分析步骤，包括 MATLAB 代码。

步骤 1：指标设置与数据准备。

首先，我们需要明确定义指标，并准备评价数据。然后，我们将对数据进行归一化以确保它们在决策树中具有相同的权重。

% 指标设置

indicators = {'专业领域适配度','市场需求分析','竞争优势','创新潜力',...

'资源支持 ',' 技术和方法 ',' 时间计划 ',' 风险评估 ', ...

'合作网络 ',' 跨学科整合 ',' 价值链衔接 ',' 共同目标 ', ...

'组织文化 ',' 人才储备 ',' 资源优化利用 ',' 创新机制 '}；

% 评价数据，每行代表一个科研团队的数据

data = [

　　0.6, 0.7, 0.8, 0.8, 0.5, 0.7, 0.6, 0.6, 0.7, 0.8, 0.7, 0.6, 0.8, 0.7, 0.6, 0.8；

　　0.3, 0.2, 0.4, 0.6, 0.8, 0.4, 0.7, 0.8, 0.6, 0.5, 0.6, 0.7, 0.7, 0.6, 0.8, 0.7；

% 继续添加更多科研团队的数据

];

% 归一化数据

min_data = min(data，[]，2)；

max_data = max(data，[]，2)；

normalized_data = (data - min_data) ./ (max_data - min_data)；

步骤2：构建决策树。

使用决策树构建算法来创建战略性评价的决策树。

% 创建决策树模型

tree = fitctree(normalized_data，1：size(normalized_data，1)，...

    'PredictorNames'，indicators，'ResponseName'，'TeamNumber')；

步骤3：可视化决策树。

% 可视化决策树

view(tree，'Mode'，'graph')；

步骤4：评估决策树。

可以使用决策树来评估各个科研团队的战略性，选择最佳的团队。

% 输入新的数据以进行评估（例如，新的科研团队的评价数据）

new_data = [0.7，0.6，0.8，0.7，0.6，0.7，0.8，0.7，0.7，0.6，0.8，0.6，0.8，0.7，0.6，0.8]；

team_number = predict(tree，new_data)；

% 输出最佳科研团队的编号

disp(' 最佳选择是第 ' + string(team_number) + ' 支科研团队 ')；

这个 MATLAB 算例框架可以用于具体的高校科研团队战略性评价的决策问题。需要根据实际情况提供评价数据和目标数据。决策树分析方法可用于帮助您确定最适合您需求的科研团队。

9.3.5 DEA 算例框架

DEA（数据包络分析）是一种用于评估相对绩效的方法，它可以帮助我们确定哪些高校科研团队在不同方面表现出色。下面是 DEA 方法的一般步骤和 MATLAB 编程过程。

步骤 1：指标设置与数据准备。

首先，定义评价指标并搜集高校科研团队的数据。根据您提供的指标，您需要准备一个数据矩阵，其中每行代表一个科研团队，每列代表一个评价指标。

```
% 指标设置
indicators = {'专业领域适配度','市场需求分析','竞争优势','创新潜力',...
            '资源支持', '技术和方法', '时间计划', '风险评估', ...
            '合作网络', '跨学科整合', '价值链衔接', '共同目标', ...
            '组织文化', '人才储备', '资源优化利用', '创新机制'};
% 评价数据，每行代表一个科研团队的数据
data = [
    0.6, 0.7, 0.8, 0.8, 0.5, 0.7, 0.6, 0.6, 0.7, 0.8, 0.7, 0.6, 0.8, 0.7, 0.6, 0.8;
    0.3, 0.2, 0.4, 0.6, 0.8, 0.4, 0.7, 0.8, 0.6, 0.5, 0.6, 0.7, 0.7, 0.6, 0.8, 0.7;
    % 继续添加更多科研团队的数据
];
```

步骤 2：数据归一化。

DEA 方法需要进行数据归一化，以确保各个指标处于相同的尺度。

```
% 归一化数据
min_data = min(data, [], 1);
max_data = max(data, [], 1);
normalized_data = (data - min_data) ./ (max_data - min_data);
```

步骤 3：DEA 模型求解。

使用 DEA 模型对每个科研团队的相对绩效进行计算。这通常分为 CCR 模型和 BCC 模型两种。在这里，我们使用 CCR 模型。

```
% 创建 DEA 模型
[efficiency, slacks] = dea(normalized_data, 'CCR');
```

% 输出每个科研团队的相对绩效

for i = 1 : size(efficiency，1)

　　fprintf(' 科研团队 %d 的相对绩效为 %f\n'，i，efficiency(i))；

end

步骤 4：结果分析。

分析 DEA 模型的结果，找出相对绩效最高的科研团队，他们在评价指标方面表现出色。

以上是使用 DEA 方法评估高校科研团队战略性的一般步骤和 MATLAB 编程过程。根据您的数据和需求，您可以调整输入数据和模型类型来获得更具体的结果。DEABOX 是一个常用的 MATLAB 工具箱，可用于更复杂的 DEA 分析。

在上述算例框架中，需要明确指出，我们仅采用了虚拟数据来展示 MATLAB 程序进行的框架，这些数据仅供参考，不能代表真实的数据。因此，在实际应用中，需要使用真实的数据来进行科研团队的绩效评价，以确保评价结果的准确性和可信度。

此外，我们在算例中使用了一些权重来进行计算，这些权重仅仅是为了演示评价方法的使用，不能代表真实的权重分配。在实际应用中，权重的确定需要结合专家评价和历史数据进行调整，以更好地反映指标的重要性和实际情况。

总之，这个算例框架仅仅是一个演示性的示例，目的是展示如何使用 MATLAB 程序构建科研团队的绩效评价体系。在实际应用中，需要根据具体的团队特点和需求进行定制化的评价体系设计，同时使用真实数据和专家意见来确定权重和指标，以获得更准确和可靠的评价结果。这个框架的不足之处请见谅，我们将不断努力改进和完善，以满足实际应用的需要。

第 10 章　总结与展望

10.1 研究成果总结

本书首先明确了高校科研团队的重要性和研究背景，强调了科研团队在高校科研生态系统中的核心地位，以及对学校科研绩效的巨大影响。这一背景使得高校科研团队的战略性评价变得至关重要。同时，本书明确了研究的目的，即构建高校科研团队战略性评价指标体系，以为高校科研团队的战略性选择与发展提供决策支持。在研究过程中，采用了多种研究方法和理论，包括组织行为理论、绩效考评理论、战略管理理论等，以全面深入地分析高校科研团队的战略性。

通过回顾高校科研团队的历史演变，从科学混沌期到科学发达时期，详细分析了科研团队在不同时期的特点和演化趋势。这有助于理解高校科研团队的形成和发展过程。此外，本书还介绍了多种组织行为理论，包括公平理论、归因理论、激励理论、目标设置理论等，这些理论为高校科研团队的绩效考评提供了坚实的理论支持和方法指导。

在绩效考评方面，本书详细讨论了概念、特点、内容、系统、原则、功能和流程，使读者能够深刻理解如何评价高校科研团队的绩效，以及绩效考评对高校科研团队发展的重要性。同时，分析了国内外科研团队绩效评价的研究现状和高校科研团队评价的特点和问题，为构建高校科研团队战略性评价指标体系提供了背景和依据。

在战略性评价方面，本书详细探讨了内容，包括战略选择性评价、战略可行性评价、战略协同性评价和战略可持续性评价，为读者提供了多种方法和工具，以便评价高校科研团队的战略性。此外，通过国内外高校科研团队的案例研究，展示了不同高校科研团队在战略性选择与发展方面的实际应用，为读者提供了有价值的实践经验。

最后，本书介绍了多种高校科研团队战略性绩效评价模型的建立框架，包括层次分析法、灰色关联分析、SWOT 分析、决策树分析、TOPSIS 和 DEA 数据包络分析。这些模型为高校科研团队的战略性评价提供了具体方法和工具，为高校科研团队的战略性选择与发展提供了科学支持。

10.2 存在问题和不足之处

尽管本书在高校科研团队战略性评价方面提供了重要的理论支持和方法指导，但也存在一些问题和不足之处，需要在今后的研究和实践中予以改进和完善。

首先，高校科研团队的战略性评价指标体系需要更具灵活性，以适应不同团队在其发展时期的特殊需求。团队在科学混沌期、初创期、发展期以及成熟期都可能需要不同的评价指标，因此，我们建议将评价指标的体系进行动态修正。这样可以更好地反映团队在不同发展阶段的特点和战略性需求。

其次，虽然本书介绍了多种权重确定方法，如 AHP 等，但最好将这些方法与专家评价相结合，以提高评价的准确性和公正性。此外，为避免一次性的评价，建议采用综合评判的方式，结合过去的评价结果，进行全面的评估。这样可以更好地捕捉团队战略性的演变和改进过程。

最后，我们认为评价体系应该体现出持续改进的思想，将评价过程融入团队的日常管理实践中。这意味着评价不仅仅是一次性的活动，而是一个持续的循环过程，应该与 PDCA（Plan-Do-Check-Act）的管理思想相结合，不断监测和改进团队的战略性。这将有助于确保评价不仅仅是一项形式性的活动，而是对团队的真正有益的战略性指导。

综上所述，本书在高校科研团队战略性评价方面提供了重要的基础，但需要更多的灵活性、专家参与、综合评判和持续改进的考虑，以适应不断变化的高校科研团队环境和需求。这将有助于提高评价的实用性和可持续性，为高校科研团队的战略性选择与发展提供更有效的支持。

10.3 对未来研究的展望

展望未来，高校科研团队战略性评价领域有着广阔的研究前景和发展潜力。

首先，我们可以进一步深化评价指标体系的研究，以更好地适应不同发展阶段和领域的科研团队。这包括不仅仅是评价指标的修订，还有更多的动态性和灵活性，以应对不断变化的科研环境。

其次，专家评价和综合评判的方法可以进一步发展，以提高评价的准确性和公正性。我们可以探索新的评价方法，如机器学习和人工智能技术，来更好地利用大数据和多源信息。同时，将评价结果与团队的管理实践相结合，实现战略性评价的持续改进。

此外，高校科研团队战略性评价可以与其他领域的研究相结合，如创新管理、科研政策分析等，以获得更全面的视角。跨学科的研究将有助于揭示科研团队战略性对高校和社会的更广泛影响。

最后，我们可以进一步关注高校科研团队战略性评价对高等教育质量和科研创新能力的影响。这将有助于理解评价在高校战略性管理中的作用，以及如何更好地推动高校科研团队的可持续发展。

总之，未来的研究应该注重评价指标的灵活性、评价方法的创新、跨学科合作，以及评价对高等教育和科研创新的影响，从而为高校科研团队的战略性选择与发展提供更全面、精确和可持续的支持。

参考文献

一、著作

[1] 劳埃德·拜厄斯，莱斯利·鲁. 人力资源管理 [M]. 李业昆，等译. 北京：人民邮电出版社，2004.

[2] 王莲芬，许树柏. 层次分析法引论 [M]. 北京：中国人民大学出版社，1990.

[3] 王汉澜. 教育评价学 [M]. 开封：河南大学出版社，1995.

[4] 邵志芳. 心理与教育统计学 [M]. 上海：上海科技普及出版社，2004.

[5] 张红霞. 教育科学研究方法 [M]. 北京：教育科学出版社，2008.

[6] 林新奇. 绩效管理 [M]. 大连：东北财经大学出版社，2010.

[7] 姚小风. 生产人员绩效量化考核全案 [M]. 北京：人民邮电出版社，2010.

[8] 辛琳琳. 高校科研团队绩效评价研究：基于投入产出视角 [M]. 北京：中国人口出版社，2014.

[9] 陈继祥. 产业集群与复杂性 [M]. 上海：上海财经大学出版社，2009.

二、期刊

[1] 何述义，胡红英. 高校创新团队建设的必要性及组织优势分析 [J]. 高

教探索，2016（12）：13—16+22.

[2] 周光礼. 中国大学的战略与规划：理论框架与行动框架 [J]. 大学教育科学，2020（2）：10—18.

[3] 中国共产党新闻网. 习近平在清华大学考察时强调　坚持中国特色世界一流大学建设目标方向　为服务国家富强民族复兴人民幸福贡献力量 [EB/OL].（2021–04–20）.［2021–05–20］. http://cpc.people.com.cn/n1/2021/0420/c_118164235.html.

[4] 吴鹏，蔡燊冬. 若雷 – 谢尔曼高校定位模型分析及其启示 [J]. 苏州大学学报（教育科学版），2018，6（4）：69—76.

[5] 严纯华，辛颖，王成斌，等. 探索建设中国特色世界一流大学：以兰州大学为例 [J]. 大学与学科，2020，1（2）：9—17.

[6] 杨海燕. 我国高等学校办学定位参考方略：基于高校定位综合分析框架的系统解读 [J]. 复旦教育论坛，2017，15（4）：25—32.

[7] 别敦荣. 高等教育改革和发展的形势与大学战略规划 [J]. 鲁东大学学报（哲学社会科学版），2016（1）：76—82.

[8] 马陆亭，安雪慧，梁彦，等.“十四五”教育规划制定：依据点、参考点与关键点 [J]. 现代教育管理，2020（11）：1—7.

[9] 别敦荣. 高等教育普及化背景下行业性高校发展定位 [J]. 中国高教研究，2020（10）：1—8.

[10] 孟中媛. 百年来中国大学的三次转型发展的历史回顾 [J]. 黑龙江高教研究，2008（5）：11—13.

[11] 叶飞，陈春花. 分布式科研团队的动态协调沟通策略研究 [J]. 科研管理，2002（4）：6—10.

[12] 吕建华. 论团队管理理论的有效性.[J]. 山西高等学校社会科学学报，2001（11）：32—35.

[13] 张艳，彭颖红. 高校科研创新团队的绩效评估 [J]. 中原工学院学报，2006（5）：61—65.

[14] 于水，胡祥培．高校科研团队考核指标体系建立的研究 [J]．管理观察，2008（10）：159—160．

[15] 吴洁．科技创新团队绩效评价研究 [J]．科技管理研究 [J]．2008（12）：412—414．

[16] 朱晓琴，廖萍．高校科技创新团队评价指标的设计 [J]．广西民族师范学院学报，2010（2）：136—139．

[17] 李锋，葛世伦，尹洁．高校科研绩效评价模型研究 [J]．科技管理研究，2009（7）：271—272．

[18] 张树娟，胡琪波．科研团队绩效考评的现状评析与对策 [J]．国情观察，2010（8）：26—27．

[19] 郑小勇，楼鞅．科研团队创新绩效的影响因素及其作用机理研究 [J]．科学学研究，2009（9）：1428—1438．

[20] 孙崇正，张亚红．大学科研创新团队成长演化模型研究 [J]．北京工业大学学报，2011（12）：78—82．

[21] 刘慧群．高校科研团队绩效考核机制研究 [J]．科技进步与对策，2010（12）：138—142．

[22] 李孝明，蔡兵，顾新．高校创新团队的绩效评价 [J]．科技理研究，2009（2）：214—216．

[23] 侯启娉．基于 DEA 的研究型高校科研绩效评价应用研究 [J]．研究与发展管理，2005（2）：118—124．

[24] 李巨光．基于科研团队特点的绩效评价体系初探 [J]．管理观察，2009（6）：247—248．

[25] 李海波，刘则渊，渊雄峰．科研团队的模糊综合评价模型及其应用 [J]．科技管理研究，2006（11）：134—136．

[26] 罗微．高校高水平科研团队建设策略初探 [J]．科技管理研究，2008（6）：407—408．

[27] 周园，王念新，梅强．高校学科团队绩效评价研究 [J]．科技管理研

究，2006（1）：182—184.

[28] 张蔷蔷，邵红芳，薄晓明，等. 地方高校省级创新团队绩效评价指标体系研究 [J]. 山西医科大学学报（基础医学教育版），2010（8）：854—860.

[29] 朱永跃，马志强，陈永清. 基于 BSC 和灰色模糊理论的高校科技创新团队绩效评价 [J]. 科技管理研究，2009（9）：431—433.

[30] 罗志文，王婧. 产学研视角下的高校科研团队创建与管理机制模型构建 [J]. 科技管理研究，2009（8）：204—206.

[31] 方勇，王明明，刘牧. 创新视角下高校科研团队的组织结构设计 [J]. 科技进步与对策，2005（5）：180—184.

[32] 艾术林. 高校科研团队建设的若干思考 [J]. 高等教育，2008（3）：66—67.

[33] 焦丽梅. 高校科研团队培育的研究 [J]. 辽宁高职学报，2009（3）：5—7.

[34] 卜祥云，唐贵伍，蔡翔. 高校科研团队：概念、特征及功能 [J]. 科技管理研究，2008（1）：90—92.

[35] 孙晓杰，李晓明，牛英才. 高校科研团队建设存在的问题及对策 [J]. 高教研究，2009（5）：592—593.

[36] 杨万福，李红波. 科研团队绩效评估国内研究综述 [J]. 科技管理研究，2010（11）：190—191.

[37] 刘勇，熊晓璇，全冰婷. 基于灰色关联分析的双边公平匹配决策模型及应用 [J]. 管理学报，2017，14（1）：86—92.

[38] 焦翠红，陈钰芬. R&D 资源配置、空间关联与区域全要素生产率提升 [J]. 科学学研究，2018（1）：81—92.

[39] 阿儒涵，李晓轩. 我国政府科技资源配置的问题分析：基于委托代理理论视角 [J]. 科学学研究，2014，32（2）：276—281.

[40] 王世强，光翠娥. 组建科研团队提升地方高校科技实力 [J]. 科学学与科学技术管理，2004（8）：118—121.

[41] 赵正洲，等．高校学术团队建设的理论思考 [J]．中国高等教育，2007（5）：37—39．

三、学位论文

[1] 阎蜻伟．大学学术团队绩效评价研究 [D]．大连：大连理工大学，2006．

[2] 张洋．我国高校科研创新团队绩效评价研究 [D]．上海：上海交通大学，2008．

[3] 张阿李．高校科研创新团队绩效评价研究 [D]．苏州：江苏大学，2009．

[4] 张蔷蔷．地方高校省级创新团队绩效评价研究：以山西省高等教育强校工程人才支持计划为例 [D]．太原：山西医科大学，2010．

[5] 马莹莹．高校科研团队产学研合作绩效的影响因素研究 [D]．广州：华南理工大学，2011．

四、外文文献

[1] Joseph L. C. Cheng. Coordination and the Performance of Research Teams：An Organizational Study[J].Academy of Management Proceedings，1980(1)：380-384.

[2] Shelly D. Dionne，Francis J. Tamarind，William D. Spangler，et al. [J]. Transformational Leadership and Team Performance.Journal of Organizational Change Management. 2004，17(2)：177-193.

[3] Panel Costa，John M. Sharp，Christopher J. Bamber. Assessing Teamwork Development to Improve Organizational Performance[J].Measuring Business Excellence. 2003，7(4)：29-36.

[4] Krishan Kumar. Self-Organizing Map (SOM) Neural Networks for Air Space Sectoring[C]// International Conference on Computational Intelligence &

Communication Networks. IEEE, 2015.

[5] Liao Guanglan, Shi Tielin et al. Using SOM Neural Network for X-ray Inspection of Missing-bump Defects in Three-dimensional Integration[J]. Microelectronics Reliability, 2015, 55(12): 2826-2832.

[6] Lu Weijia, Ma Liang, Chen Hao.Particle Swarm Optimisation-Support Vector Machine Optim Association Rules for Detecting Factors Inducing Heart Diseases[J]. Journal of Intelligent Systems, 2017, 26(3): 573-583.

[7] Parsopoulos K E, Vrahatis M N. Recent approaches to global optimization problems through Particle Swarm Optimization[J]. Natural Computing, 2002, 1(2-3): 235-306.

[8] Liu Yong, Quan Bingting, Li Hui. A Delay Grey Incidence Analysis framework for Assessing Drivers and Obstacles of R&D Performance at Chinese universities[J]. Grey Systems: Theory and Application, 2018, 8(1): 2-13.

[9] Gupta K, Banerjee R, Onur I. The Effects of R&D and Competition on Firm Value: International Evidence[J]. International Review of Economics & Finance, 2017, 51: 391-404.

[10] Bronzini R, Piselli P. The impact of R&D Subsidies on Firm Innovation[J]. Research Policy, 2016, 45(2): 442-457.

[11] Ornella Wanda Maietta. Determinants of University-firm R&D Collaboration and Its Impact on innovation: A Perspective from a Low-tech Industry[J]. Research Policy, 2015, 44(7): 1341-1359.

[12] Liu Yan, LI Yuntao. Study on the Multi-dimensional Fuzzy Quantitative Evaluation for the Eco-academic System of Scientific Research Teams in Colleges. Science and Technology Management Research, 2010, 14: 71-74.

[13] Liu Guihua. On the Academic Environment Within the University. Agricultural Education, 2002(3): 3-5.